FENOMENOLOGIA DO ESPÍRITO

Coleção Chaves de Leitura

Coordenador
Robinson dos Santos

Dados Internacionais de Catalogação na Publicação (CIP)
(Câmara Brasileira do Livro, SP, Brasil)

Ludwig, Ralf
Fenomenologia do espírito : uma chave de leitura /
Ralf Ludwig ; tradução de Enio Paulo Giachini. –
Petrópolis, RJ : Vozes, 2017. – (Coleção Chaves de Leitura)

Título original : Phänomenologie des Geistes : Eine
Lese-Einführung
Bibliografia

1ª reimpressão, 2022.

ISBN 978-85-326-5442-7

1. Consciência 2. Filosofia alemã 3. Hegel,
Georg Wilhelm Friedrich, 1770-1831 4. Idealismo
5. Pensamento I. Giachini, Enio Paulo. II. Título.
III. Série.

17-02299 CDD-193

Índices para catálogo sistemático:
1. Filosofia alemã   193

Ralf Ludwig

FENOMENOLOGIA DO ESPÍRITO

Uma chave de leitura

Tradução de Enio Paulo Giachini

EDITORA VOZES

Petrópolis

© 1997 Deutscher Taschenbuch Verlag GmbH & Co. KG, München.

Tradução realizada a partir do original em alemão intitulado *Hegel für Anfänger: Phänomenologie des Geistes – Eine Lese-Einführung*, by Ralf Ludwig

Direitos de publicação em língua portuguesa – Brasil:
2017, Editora Vozes Ltda.
Rua Frei Luís, 100
25689-900 Petrópolis, RJ
www.vozes.com.br
Brasil

Todos os direitos reservados. Nenhuma parte desta obra poderá ser reproduzida ou transmitida por qualquer forma e/ou quaisquer meios (eletrônico ou mecânico, incluindo fotocópia e gravação) ou arquivada em qualquer sistema ou banco de dados sem permissão escrita da editora.

CONSELHO EDITORIAL

Diretor
Gilberto Gonçalves Garcia

Editores
Aline dos Santos Carneiro
Edrian Josué Pasini
Marilac Loraine Oleniki
Welder Lancieri Marchini

Conselheiros
Francisco Morás
Ludovico Garmus
Teobaldo Heidemann
Volney J. Berkenbrock

Secretário executivo
Leonardo A.R.T. dos Santos

Editoração: Flávia Peixoto
Diagramação: Mania de criar
Revisão gráfica: Nilton Braz da Rocha / Nivaldo S. Menezes
Capa: Renan Rivero
Ilustração de capa: Alexandre Maranhão

ISBN 978-85-326-5442-7 (Brasil)
ISBN 978-3-423-30125-1 (Alemanha)

Este livro foi composto e impresso pela Editora Vozes Ltda.

Prefácio

"Quem quer compreender Hegel já está sempre sozinho." Esta frase de Dieter Heinrich apresenta uma realidade triste, mas verdadeira, pois a *Fenomenologia do espírito* percorre realmente seu caminho bastante remoto. É claro que as coisas não precisam ficar desse modo. E quando alguém lança um primeiro olhar sobre esta obra, e já não consegue ver ou ouvir o que nela se diz, pode consolar-se com o que disse Ernst Bloch: "o obscuro, expresso como tal, com exatidão, é algo bem diferente do que o claro, expresso de forma obscura; o primeiro é como Greco ou a luz na tempestade, o segundo como embotamento".

Mesmo assim, tenho de confessar que, muitas vezes, lendo essa linguagem pesada, apesar de clara, de Hegel, desejei retornar à clareza da linguagem de Kant. Para poder escrever este livro, comecei por ler uma série de livros sobre Hegel; fiquei admirado com as mais diversas ideias que se encontram a respeito, muito embora os intérpretes estivessem abordando o mesmo capítulo da *Fenomenologia*. É de se admirar também sobre o orgulho vão que enche o coração de diversos intérpretes que dificilmente conseguem chegar ao grau de Hegel, e, no entanto, querem imputar erros a esse grande pensador. Se esse tipo de pessoa consegue depois demonstrar tal erro, isso já é outra história. Seja como for, poder confrontar-se com Hegel é algo de muito valor. Mas para isso é preciso antes de tudo procurar compreendê-lo. E esse é o objetivo deste nosso livro.

Há inúmeras razões por que ler Hegel. Há quem pense que ele seria a fonte de onde nasceram os marxistas. Há quem diga que ele seria o precursor da glorificação desastrosa do Estado. Mas também nesse caso é preciso compreender bem Hegel para poder afirmar algo semelhante.

Uma vez atravessado este livro na busca de compreender Hegel – sinceramente não significa que todo mundo o terá compreendido imediatamente. Assim, quero adiantar aos caros leitores as palavras de E. Fink: "Há de se ter uma boa dose de paciência para seguir os passos do pensamento de Hegel. Mas o que abriu essa senda foi certamente uma grande paixão, talvez a maior paixão do pensar sobre a história da humanidade".

Assim, o leitor está convidado a participar ou beliscar de leve pelo menos essa paixão do pensar.

Munique, Ano-novo de 1997.

Ralf Ludwig

Sumário

O livro: dificuldades, temática e surgimento, 11

Os pressupostos do pensamento de Hegel ou o idealismo, 18

O último filósofo ou o currículo de um grande sábio, 25

O motor da realidade ou a dialética, 38

Parte I – Consciência, 45

A riqueza mais pobre ou a certeza sensível, 47

O jogo das abstrações ou a percepção, 58

Uma olhada por trás da cortina ou força e entendimento, 67

Onde mora a verdade ou a consciência-de-si, 76

Um jogo de máscaras como obra-prima ou dominação e escravidão, 84

   Os adversários, 85

   O reconhecimento, 88

A luta de vida ou morte, 90

Vae victis ou ai dos vencedores?, 92

Senhor e escravo, 94

A inversão: escravo e senhor, 98

Medo da morte e trabalho, 102

Perspectivas sombrias ou a consciência infeliz, 105

Final feliz para a consciência-de-si ou a razão, 113

Parte II – Razão, 119

A grande exigência ou certeza e verdade da razão, 121

A partida para uma nova expedição ou a razão observadora, 131

O passo para a moralidade ou a realização da consciência-de-si, 143

A alegria pressurosa ou a real individualidade, 151

Parte III – Espírito, 159

O passo para a história ou o espírito, 161

A alienação frente ao fim ou o Iluminismo, 170

O penúltimo estágio ou a moralidade e consciência moral, 176

O espírito diante da plenificação ou a religião, 183

Caem as cortinas ou o saber absoluto, 191

Conclusão, 195

No labirinto da história dos efeitos ou de Hegel a Marx, 197

Pequeno glossário, 203

Farmácia caseira para os machucados ou a bota absoluta, 206

Referências ou uma espécie de agradecimento, 215

System
der
Wissenschaft

von

Ge. Wilh. Fr. Hegel
D. u. Professor der Philosophie zu Jena,
der Herzogl. Mineralog Societät daselbst Assessor
und andrer gelehrten Gesellschaften Mitglied.

Erster Theil,

die

Phänomenologie des Geistes.

Bamberg und Würzburg,
bey Joseph Anton Goebhardt,
1807.

O LIVRO: DIFICULDADES, TEMÁTICA E SURGIMENTO

O filósofo francês, proveniente da Rússia, Alexandre Kojève (1902-1968) tinha firme convicção de que em Iena, cidade onde foi composto o *Fenomenologia do espírito*, havia começado o fim da história. Com o fim da história, para Kojève, teria chegado ao fim igualmente o discurso humano. Assim, um tanto crédulo, após uma prelação sobre a *Fenomenologia* de Hegel, ele teria dito aos estudantes que nessa obra tudo estava contido, e nada mais haveria para ser dito. Então acabou renunciando de sua atividade e, deixando de lado as preleções, mergulhou no silêncio.

As dificuldades

Uma experiência bem diferente com Hegel foi protagonizada 130 anos antes desse episódio pelo Barão Boris d'Uxkull, da Estônia, um capitão de guarda a serviço da Rússia. Em 1817 ele veio para Heidelberg na esperança de receber do famoso Hegel "algum refrigério mais profundo para seu espírito", como nos conta o biógrafo de Hegel Karl Rosenkranz. Esse barão, ávido de instrução, dirigiu-se logo a uma livraria mais próxima e adquiriu todos os livros de Hegel publicados até aquela data. À noite sentou-se sossegadamente num canto do sofá, abriu o primeiro livro para "atravessá-lo com sua leitura". Se se trata realmente dessa passagem, não vem ao caso, o importante é saber que sua leitura se deparou com frases do seguinte teor:

> A substância viva, ademais, é o ser, que na verdade é *sujeito*, ou o que significa o mesmo, que é em verdade

> real apenas na medida em que ela é o movimento do colocar a si mesma ou a mediação do tornar-se-diversa consigo mesma. Enquanto sujeito, ela é a pura *negatividade simples*, e justo por isso a di-visão do simples; ou a duplicação contrária [...].

Suspirou e teve de admitir que "quanto mais eu lia e quanto mais atenção colocava na leitura e me esforçava por compreender tanto menos compreendia aquilo que estava lendo, de tal modo que, depois de atormentar-me por algumas horas com uma frase, sem poder compreender nada daquilo que lera, deixei de lado o livro, desapontado [...]". O infeliz Boris d'Uxkull, que admitiu com sinceridade tampouco ter compreendido os cadernos dos pós-escritos das preleções de Hegel, recebe do mestre alguma assistência especial, podendo inclusive, posteriormente, acompanhá-lo em seus passeios.

Mas visto que o leitor de hoje já não tem mais a sorte de poder acompanhar Hegel em seus passeios, essa tarefa poderá ser assumida por nosso livro. É certo que nossa excursão não deverá ser tão perigosa como as peripécias de Ulisses (D.F. Strauss), mas pode muito bem ser que nos sintamos como o próprio Barão d'Uxkull. Se um especialista em Hegel, como é o caso de H. Althaus, já nos adverte que a tentativa de uma interpretação pode nos fazer encalhar como acontece com um navio nos arrecifes rochosos, isso não deveria nos assustar, mas estimular-nos a refletir. A ousadia de aventurar-se no espírito é uma frase que soa muito bonito, mas que logo pode debandar para o desânimo.

Tomemos "prefácio" e "introdução". Via de regra, as introduções nos ajudam a compreender um livro. Nesse sentido, as introduções de Hegel para a *Fenomenologia* são tão comprimidas que elas próprias costumam assustar. Por mais grotesco que pareça, é mais fácil primeiro ler o todo da obra para então se poder compreender as duas introduções. Há muitos docentes que se orgulham de poder abordar o "prefácio" no decorrer de um semestre. A maioria dos seminários sobre o livro não passa daí e se contenta com a introdução mais breve. Mas o que há nas 500 páginas que se seguem?

Assim, a *Fenomenologia* segue seu caminho lá bem afastada (Bloch), e durante o passeio muitas vezes nos deparamos com a escuridão.

É por isso que nos propomos a acompanhar o leitor e nos embrenhamos com ele nessa estrada afastada.

O tema

Pode-se ler que a *Fenomenologia do espírito* é a "exposição do saber que aparece (*erscheinende*)". O autor tem de confessar que, quando era estudante, ao ouvir esse mote não pensou tanto no livro de Hegel mas antes no pequeno Fritz, que, diante do olhar severo do professor, ao quadro-negro procurava resolver tarefas de aritmética segurando o giz com mão trêmula. E mesmo assim a diferença entre o pequeno Fritz e Hegel não é lá tão grande: como o Fritz buscava fazer aparecer seu saber e apresentar-se diante dos olhos e ouvidos do professor, também Hegel procura levar a uma aparição visível e apresentar o saber daquilo que está no fundamento de tudo.

Vamos reformular essa última formulação, um tanto truncada, para fazer avançar o pensamento: a essência das coisas que nos são conhecidas não está fechada apenas nas coisas, mas tem uma aparição (*Erscheinung*), uma aparência (*Schein*). *Desde logo, é bom que nos acostumemos a ouvir a palavra aparência sem qualquer teor negativo!*

Alguém que admitiu sinceramente jamais ter conseguido compreender a *Fenomenologia* de Hegel percebeu alguma coisa do assunto que está em questão e que é próprio de toda a filosofia, quando escreve que:

A aparência, o que é ela, que carece de essência?
A essência, seria ela se não aparecesse?

O homem que jamais compreendeu Hegel, mas que escreveu essas frases, foi Goethe.

Essência e aparência não são apenas conceitos da filosofia. O dia a dia está eivado da coimplicação de ambas. Por exemplo: a bondade, a condescendência, o cuidado e o rigor podem aparecer como essência de uma mãe. Também a essência do amor tem diversas aparências: pode aparecer como confiança, êxtase sentimental, dedicação, ternura ou desejo, e cada um pode avaliar se é a aparição ou a aparência que mais corresponde com a essência.

É possível ampliar mais ainda a ideia básica desses exemplos.

Uma essência não está apenas na base e fundamento do ser da mãe ou do ser do amor, mas também está na base do ser como um todo e do saber desse ser.

Todo ser tem uma essência, e só podemos saber dele se contemplarmos e considerarmos a aparência, a aparição (*Erscheinung*) da essência.

É isso que faz Hegel em sua *Fenomenologia do espírito*: o livro pesquisa o saber da essência das coisas. De início, ele aparece como saber sensível, depois como percepção, depois como compreensão (*Verstand*) até chegar à razão (*Vernunft*). – Na segunda parte são investigadas as manifestações (*Erscheinungen*) da razão, que se erguem na direção do espírito até que o saber chegue à sua meta: o saber absoluto. Mas a meta está ainda mais além.

A origem

É interessante notar o número de especulações que há sobre a origem da *Fenomenologia*, que são na verdade contraditórias. Vamos começar pelos fatos.

O que se sabe de certo é que em maio de 1805, pela primeira vez Hegel menciona estar escrevendo uma *Fenomenologia do espírito*. Por essa época, Kant havia falecido há um ano e ele trabalhava como professor em Iena. Em fevereiro de 1806, uma parte da obra é enviada ao editor em Bamberg, e o autor quer um adiantamento dos direitos autorais. Na noite de 14 de outubro de 1806, ele escreve as últimas páginas da obra. Temos comprovação de que isso ocorreu sob o troar dos canhões da batalha entre Iena e Auerstadt. Faltariam, porém, as cerca de 50 páginas de "prefácio". Esse vai ser escrito posteriormente e acaba se tornando uma introdução ao conjunto da filosofia de Hegel.

Por fim, no Ano-novo de 1807 se dá o lançamento da *Fenomenologia*, de Hegel (com prefácio). Por essa época, ele especulava sobre a possibilidade de uma segunda edição, visto que ele próprio afirma que a obra carece de clareza definitiva. Numa missiva ele exprime a vontade de "limpar o navio de pesos supérfluos e poder torná-lo mais leve".

Agora começam os enigmas. Ainda por volta de meados de 1829, ele considera imperativo uma reelaboração da obra; mas no outono de 1831, ao contrário, expressa a opinião de que "o trabalho primitivo" não carece de modificações. Apesar disso, duas semanas antes de sua morte, ele ainda se dirige ao editor berlinense Duncker para fechar um contrato sobre uma nova edição (Althaus).

Há ainda outros enigmas: sem negar sua *Fenomenologia*, em suas preleções em Heidelberg e Berlim, ele jamais coloca-a como base de seu pensamento, muito embora – segundo David Friedrich Strauss – ela se constitua no princípio e no fim das obras hegelianas. Teorias ousadas também devem ser lidas: Desde a *Enciclopédia*, Hegel "teria de recusar como uma obra insustentável" a *Fenomenologia do espírito*. É o que afirma um de seus primeiros discípulos, C.F. Bachmann.

Um outro enigma está na página em que se encontra o título original da obra (cf. reprodução na p. 10).

Lemos ali, que essa seria a "Primeira parte" do "Sistema da ciência". Mas onde está a segunda parte? Não existe segunda parte.

Partindo de uma suposição, baseada em indícios, queremos propor ao leitor uma hipótese de explicação, que se apoia em T. Haering e que tem grande plausibilidade de ser verdade. Já em Iena, um dos objetivos explícitos de Hegel era entrar no espaço púbico acadêmico com um projeto global de sua filosofia, um sistema. Até então, ele tinha vindo a público apenas com seu opúsculo *Escrito sobre a diferença* (sobre o que vamos retornar mais abaixo), um escrito que mostra a diferença entre Fichte e Schelling. Ao perceber que o projeto de um sistema global iria lhe exigir mais tempo do que gostaria e que ele precisava de uma outra publicação para fins de carreira, acabou escrevendo uma "introdução" ao sistema planejado. Ele manteve essa avaliação como introdução mesmo após a publicação, numa carta a Schelling, muito embora a "Introdução", agora, já se chamasse "Primeira parte" do sistema.

Desse modo, a Introdução foi se ampliando sem perceber e em virtude da pressão interna e externa, "num espaço de tempo incrivelmente curto" (Haering), "no ponto alto de sua crise de vida em Iena" (Althaus), atingindo o volume atual, e como nesse meio-tempo acabou se tornando uma obra autônoma, recebeu o título de *Fenomenologia do espírito*. A monstruosidade do volume se explica pelo fato de que Hegel se entusiasmava de tal modo ao escrever, como se fosse tomado por um tornado e não conseguisse parar. Houve um pesquisador que afirmou, inclusive, que no verão de 1806, Hegel teria perdido o controle sobre seu trabalho (O. Pöggeler).

Naquela época, Hegel não poderia saber que gerações posteriores iriam considerar que justo essa obra iria constituir-se no "nascedouro" de sua filosofia (Marx), e considerando esse livro como o mais famoso e mais influente de seus livros. Assim, depois de pronto o livro, ele se viu um tanto perplexo pois não conseguia enquadrar sua *Fenomenologia* em nenhum lugar de seu sistema.

Essa perplexidade se manteve mesmo quando se publicou sua obra capital, a *Lógica* de Nürnberg, e quando a *Enciclopédia* de Heidelberg já estava em vista.

Assim, resumindo, podemos postular a seguinte hipótese: a *Fenomenologia* acabou sendo uma antecipação involuntária de seu sistema, que mais tarde acabou sendo deixada de lado pelo próprio Hegel, porque então ele deu preferência às exposições sistemáticas globais.

Os pressupostos do pensamento de Hegel ou o idealismo

Nenhum pensamento pode esclarecer-se apenas a partir de si mesmo. Por mais autonomamente que possa pensar um estudante do primeiro semestre, seu pensamento permanece sempre marcado pela escola onde estuda, antes disso, por seus pais, remontando aos livros de contos de fadas do jardim de infância. E toda sua capacidade de pensamento está inserida num espírito da época, que vai deixando atrás de si pegadas mais ou menos visíveis.

O leito do rio do robusto pensamento de Hegel é o *idealismo*. Sem esse, fica ainda mais difícil compreender o seu itinerário de pensamento, já bastante difícil de compreender por si mesmo.

A palavra *idealismo* provém do grego: *idein* = ver, *eidos* = a imagem. Apesar do significado visivelmente voltado ao sensorial, desde cedo essas palavras indicavam algo que vai além da visão sensorial e da imagem exterior, a saber, aquilo que forma a base do ver e da imagem, do mesmo modo que nossa palavra *ideal*, que tampouco está ligada a exterioridades.

Para o filósofo grego Platão, a imagem (*Bild*) era um protótipo, uma "ideia", e todas as realidades tangíveis de nosso mundo não passavam de cópias (*Abbild*), eram apenas imagens abstraídas e corporificadas da imagem originária (*Urbild*) = da ideia.

Na forma de metafísica, falando em termos grosseiros, essa representação dominou toda a filosofia tradicional do Ocidente que encontrou um fundamento unitário para todo ser nesse pensamento: o elemento espiritual, ideal que está no fundamento do mundo. Esse mundo só nos é dado em nossas representações.

Isso se prolongou até que se deu uma ruptura vigorosa no pensamento humano: o Iluminismo e, na esteira desse movimento, as ciências da natureza. Liberta das presilhas da religião e da Igreja, a razão humana foi buscar sustentação na natureza, como conteúdo verdadeiro de todo conhecimento. O experimento passou a compor o plano de frente e, sob o mote de *empirismo*, recebeu a consagração suprema do conhecimento humano, até desembocar, em seu ápice, no materialismo mecanicista dos séculos XVII e XVIII. Os novos conceitos fundamentais passaram a ser então a força e a matéria, e começou-se a explicitar o acontecimento da natureza sem Deus, apenas com auxílio da conexão causa-efeito.

Podemos acolher perfeitamente a formulação bombástica de uma história da filosofia que afirma que os grandes pensadores do idealismo se "colocaram contra" esse movimento evolutivo, mesmo que esse ainda não se faça visível em sua totalidade.

Esse ataque frontal contra um modo materialista de ver o mundo, buscando desqualificá-lo como um problema histórico, é algo legítimo. Mas igualmente legítimo é também atribuir aos interesses do idealismo uma significação atual, mesmo nos dias de hoje. Para isso, não é necessário colocar em questão a explicação causal provinda das ciências da natureza. É suficiente manter uma abertura fundamental para a questão que pergunta se a elaboração de uma explicação sobre a unidade do mundo é uma questão que só diz respeito às ciências. Tentativas de esclarecimento da fé cristã e extracristã, assim como as tentativas dos movimentos esotéricos modernos são caminhos perfeitamente viáveis, na medida em que não recaiam num afrontamento com as ciências.

O interesse do idealismo, de então, era salvar os valores tradicionais do Ocidente da verdade, ética e religião. Esse era o interesse do idealismo alemão, que merece aqui uma apresentação sumária, mesmo que extremamente breve. Em seu início está Kant, no seu fim, está Hegel.

1 O idealismo crítico

Em suas análises sobre a realidade e o saber, tema central do idealismo, Kant (1724-1804) deparou-se com um barreira intransponível: Na apreensão de sua realidade, o eu permanece dependente da "coisa em si", que é insondável e está além de todo e qualquer saber. A razão começa a sondar frente a essa barreira. Ela descobre que só consegue conhecer na natureza, na realidade aquilo que ela própria ali colocou pelo pensamento. Ademais, ela chega à conclusão de que a compreensão imprime nas categorias da compreensão como que um selo na matéria bruta da percepção sensível, para ali voltar a encontrar o que projeta.

O central, aqui, é o conhecimento (lema: guinada copernicana): a subjetividade pura constitui a objetividade, ou de forma mais fácil ainda: o sujeito, o eu, cunha no objeto, no universo sua forma lógica.

2 O idealismo subjetivo

Fichte (1762-1814) tenta refutar a dependência kantiana que teria o Eu em relação à coisa em si. Ele precisa fazer isso, porque dependência não combina com liberdade. Segundo Fichte, também o conhecimento deve ser coisa de um fazer próprio. Não há como nossas representações dependerem da objetualidade, isso levaria ao materialismo: o ser humano seria transformado numa parte passiva.

Fichte deduz o objeto a partir das representações do ser humano. Aqui o ser humano é a parte ativa, age por si mesmo e é perfeitamente propenso à ação.

Assim, Fichte chega à conclusão de que aquilo que nos aparece como mundo, na verdade, não existe. O que nós vemos no mundo é na verdade a projeção de um mundo no eu criativo.

Essa ideia fundamental do idealismo não será abandonada nem no futuro: *Toda realidade torna-se ação do eu*. Mas pertence à realidade também aquilo que se distingue de mim próprio. Quando temos o sentimento de que algo estranho, um não eu, toca minha experiência, isso é explicado por Fichte também como sendo uma colocação do eu. Também o *não* é uma colocação do eu. Essa afirmação levou Goethe a afirmar presunçosamente que seria muito descortês da parte das pedras, jogadas pelos estudantes nas janelas da casa de Fichte, voar e atravessar quebrando as vidraças, pois elas seriam colocadas elas mesmas como não eus.

Mas voltemos à realidade subjetiva de Fichte. Se em nome da liberdade, toda realidade se torna ação do eu, fora do eu absoluto não haveria nada, e toda independência (*Eigenständigkeit*) iria se desfazer, na direção da independência do eu, tudo se tornaria em imagens "lúdicas e vazias de nada para nada". É uma representação sobre a qual Kant teria afirmado tratar-se de um fantasma. [Um outro raciocínio de Fichte para os que se interessam filosoficamente: a não restrição do eu absoluto experimenta sim uma barreira, a finitude. Ela se torna visível no fato de haver ainda outros eus livres. Fichte erige outra barreira na visão de que a liberdade absoluta não é assim tão absoluta, mas tem seu fundamento em Deus: está inserida na liberdade de Deus.]

3 O idealismo objetivo

Schelling (1775-1854) adere ao pensamento fichteano do eu como princípio supremo: Toda realidade não passa de representação desse eu. Mas para além disso ele descobre uma capacidade do eu, a "intuição (*Anschauung*) intelectual", com a qual se pode contemplar não apenas o fundo do eu humano, mas também o fundo de toda realidade. Esse fundamento descoberto é o absoluto, a divindade como o mais íntimo princípio da vida. Através dessa ampliação, também a natureza (em Fichte, apenas como colocação do eu) tem seu valor elevado. A natureza já não é mais o palco para a moralidade do ser humano.

Esse novo conceito de natureza de Schelling torna-se o elo entre Fichte e Hegel. A vitalidade da natureza pode ser vista em determinadas polaridades (um alicerce para a dialética hegeliana), região orgânica e região inorgânica (a atração ou repulsão de fenômenos magnéticos e elétricos; polaridade entre masculinidade e feminilidade etc.).

Assim, a natureza é concebida no devir, seu objetivo é o espírito. Mas, na medida em que a natureza é um espírito em devir, natureza e espírito são idênticos. Em ambos vige a deidade, que se revela na razão. A reconciliação de todas as contraposições como processo de vida, um conceito que é extremamente recorrente em Hegel, se conclui por fim na identidade absoluta de Deus.

4 O idealismo absoluto

Hegel defende o idealismo absoluto; ele deve muito dessa ideia a Fichte e Schelling. Mas em seu famoso *Escrito sobre a diferença* (*Diferença entre o sistema de Fichte e o sistema de Schelling*), ele se afasta nitidamente deles. Nesse escrito ele combate no campo de frente do lado de Schelling, que defende a necessidade de ultrapassar o subjetivismo puro, na medida em que se deve atribuir ao não eu uma certa independência. Na opinião de Hegel, o eu não deve destruir o estranho (autoposição), e chama o eu de Fichte de "Fúria da destruição". Não, deve persistir no ser-outro, para ali se reencontrar.

Em Schelling, Hegel vê positivamente que o espírito vem a si mesmo não apenas no eu, mas também na natureza. A natureza não é mais apenas o estranho. Mas a "intuição intelectual" de Schelling, e o modo como essa encontra de pronto o absoluto parece a Hegel como que o "disparo de uma pistola", sem qualquer processo de preparação.

Em seu programa do "idealismo absoluto", Hegel busca então demonstrar o processo longo mas exato de como o espírito se desenvolve até chegar a ser espírito absoluto.

Por fim, o tema central da *Fenomenologia do espírito* é a demonstração do processo de desenvolvimento do espírito.

No começo está a luta virulenta do espírito consigo mesmo: enquanto consciência, vai trabalhando a si mesma em espirais dialéticas até elevar-se à consciência-de-si, e enquanto espírito adentra o palco do mundo.

Com isso temos um outro acesso ao título do livro: o livro é um programa. Desse modo, *Fenomenologia do espírito* é a "Teoria das Manifestações do Espírito":

• primeiramente, suas manifestações na consciência individual, começando pela consciência sensorial até chegar à consciência-de-si;

• por fim, suas manifestações no mundo e na história até chegar à sua plenitude no espírito absoluto.

Agora já sabemos algumas poucas coisas sobre o livro. Mas o que sabemos sobre o homem que escreveu o livro?

Hegel. Litografia de C. Mittag, 1842.

O ÚLTIMO FILÓSOFO OU O CURRÍCULO DE UM GRANDE SÁBIO

Uma frase que sempre de novo se repete no último século é que "depois de Hegel não haverá mais nenhum outro filósofo". O correto nisso tudo é que, depois dos projetos globais de um Aristóteles, Tomás de Aquino ou de um Kant, o sistema filosófico de Hegel foi o último projeto completo de filosofia apresentado ao nosso mundo e considerado como amplamente bem-sucedido. Depois de Hegel, nenhum outro pensador conseguiu apresentar um sistema completo nesse teor, e que tivesse influência notável no curso da história e do mundo.

Nesse sentido, Hegel é realmente o "último filósofo".

Esse clichê possui naturalmente duas raízes, quando ouvimos que as garotas empinavam o nariz quando viam o discreto estudante, via de regra desleixado e fora de moda: o último filósofo também teve de escutar como numa noite um companheiro de quarto começou a resmungar: "O, Hegel, agora certamente você está afogando um pouco seu entendimento!"

No final das contas, aquele que fora ridicularizado não "afogou" seu entendimento, mas se transformou num titã do espírito, deixando para a história seus escritos, prenhes de consequências.

Alguns amigos de juventude se admiravam: "Jamais esperaria isso de Hegel". Quem poderia julgá-los por isso?

A família

As origens de Hegel remontam à Caríntia, de onde partiu em virtude de questões de fé, e subsequentemente passou a residir na Wüttenberg luterana. Um de seus antepassados foi o vigário Hegel, que em 1759 batizou uma criança chamada Friedrich Schiller.

No mesmo ano em que Kant, na idade de 46 anos, assume a Cátedra de Filosofia em Königsberg como um posto bastante esperado na vida, Georg Wilhelm Friedrich Hegel contempla pela vez primeira a luz do mundo. Era 27 de agosto de 1770. Seu pai, o secretário de finanças do Duque Georg Ludwig Hegel, casara-se há um ano com Maria Magdalena Fromme. Desse matrimônio nasceu mais tarde Georg Ludwig, que se tornou oficial do exército, mas acabou falecendo logo, e a Irmã Christiane, que viveu um ano a mais que seu famoso irmão; no ano de 1832 ela se suicidou.

O aluno

O pequeno G.W.F. entrou na escola com 3 anos de idade; aos 5 anos começou as aulas de latim e com 7 anos de idade ingressou no colégio de Stuttgart. Esse colégio era um colégio de segundo nível; o Karlsschulle era um colégio de primeira classe e era onde estudavam Schiller e o irmão Georg Ludwig. Seu mestre preferido era o Professor Löiffler, que presenteou ao menino de 8 anos a tradução de Shakespeare, de Wieland. O jovem Hegel era um aluno exemplar, e mais tarde pode fazer o discurso de conclusão escolar junto com mais quatro alunos.

Ele tinha uma queda também para a literatura trivial. Com 16 anos ele mal conseguia se distanciar do romance de seis volumes de J.T. Hermes *Sophiens Reise vom Memel nach Sachsen* (A viagem de Sofia de Memel para a Saxônia), uma das coisas de literatura mais "pobres e mais enfadonhas de nossa literatura da época" (Kuno Fischer). Para o arquirrival Schopenhauer, essa informação foi uma descoberta preciosa da qual ele gostava de zombar: "Meu livro de cabeceira é *Homero*, o livro de cabeceira de Hegel é *A viagem de Sofia de Memel para Sachsen*".

A pensão em Tübingen

A legendária pensão de Tübingen continua sendo até os dias de hoje um alojamento teológico respeitado, onde alunos bolsistas muito qualificados podem morar, junto a um antigo Mosteiro Agostiniano. No outono de 1788, Hegel conseguiu uma vaga para morar ali. Os cinco anos que ele passou ali marcaram sua vida, era a época da Revolução Francesa, o tempo de sua amizade com Hölderlin e Schelling, o gênio cinco anos mais jovem que ele, a quem Hegel muito agradece. Foi uma época de estudos intensos, mas também o tempo de longas noites para jogar xadrez e baralho, preleções sonolentas, ausências à oração e sua primeira paixão.

Na época não tinha qualquer interesse em Kant, e seus ensaios de sermão não ultrapassavam o nível de medianos. Na lista para fomento, uma espécie de lista dos que ocupavam o topo no desempenho de meio ano, ele figurava seguidamente apenas em segundo lugar, atrás de um estudante chamado Märklin. Uma vez ele desceu até o quarto lugar, sempre atrás de Märklin. Para Hegel uma ferida aberta que jamais sararia.

Seu diploma de conclusão, depois dos exames de avaliação do candidato de 1793, apresenta formulações que não dão muita margem para se concluir se era uma carreira brilhante: ele não negligenciou os estudos de teologia, nas recitações não era um leitor muito eloquente (*non magnus orator visus*), nas línguas não era ignaro (*non ignarus*) e na filosofia mostrava muita dedicação (*multam operam impendit*).

A carreira (1)

Sua carreira não começou com uma promessa de sucesso. Enquanto o gênio Schelling com a idade de 23 anos já se tornava professor, desde os anos de 1793 Hegel trabalhava como tutor doméstico em Berna/Schweiz, e a partir de 1797 em Frankfurt. Então estabelece contato com Iena, onde Schelling ensinava desde 1798, e é precisamente Schelling quem irá preparar o terreno para a vinda de Hegel.

No começo de 1801, Hegel ingressa em Iena, onde reside quase por um ano junto com Schelling, quem estava envolvido com uma relação complicada com Caroline Schlegel. Schelling apaixonara-se por essa mulher, doze anos mais velha, como que uma estrela central da vida social de Iena. Era culta e irreverente; de início ela teria zombado e ridicularizado da poesia de Schelling sobre o sino (*Der Glocke*). Quando essa morreu prematuramente, já como esposa de Schelling, o mundo ruiu para esse.

Para Hegel, Iena se tornava a cidade dos sonhos. Ele alcançou sua habilitação com um trabalho sobre os cursos dos planetas; aparece seu "Escrito sobre a diferença", que marca o começo de uma série de publicações inéditas. Seu primeiro encontro com Goethe, em Weimar, aconteceu no dia 20 de outubro de 1801, que a partir de então mantém um cuidado protetor em relação a ele e que o auxilia a resolver problemas na carreira, inclusive com auxílio financeiro; em 1805 Hegel consegue um posto como professor não remunerado, e recebe o pagamento de auxílio dado pelos ouvintes.

Mas, ao mesmo tempo, Iena trazia a Hegel medo e ameaça de fracassar. Isso porque, aqui não nasceria apenas a *Fenomenologia do espírito*, mas também seu filho extraconjugal. Havia ainda outras circunstâncias que aumentavam sua angústia e o faziam pensar em deixar Iena. Depois da vitória da batalha entre Iena e Auerstedt, os franceses começaram a vir para a cidade, e na frente deles Napoleão. Oscilando muito entre a empolgação primitiva, pelo fascínio pela "alma do mundo a cavalo" (a expressão "espírito do mundo a cavalo" provém de Goethe) e o saque brutal de sua casa feito pela soldadesca, ele se decidiu definitivamente a deixar a cidade. A universidade havia sido fechada por causa das devastações provocadas pela guerra, e não havia qualquer previsão de reabertura. Em resumo, ele se imaginava em vias de depauperamento e com chances de interromper sua carreira.

Enquanto Hegel estava escrevendo as últimas páginas de sua *Fenomenologia*, ainda reboavam os últimos canhões prussianos e franceses. Quando o livro veio a público, em Bamberg, em 1807, ali mesmo ele assumia o posto de redator-chefe do Jornal de Bamberg *(Bamberger Zeitung)*. Após um rápido entusiasmo, logo se abateu sobre ele o enfado. Um amigo dos dias antigos de Iena, agora membro do conselho superior de Munique, veio novamente em seu auxílio: Friedrich Immanuel Niethammer, um dos amigos mais confiados de Hegel. Ele já havia negociado a transferência de Iena para Bamberg.

Assim, no outono de 1808, Hegel assumiu o posto de reitor do Aegidien-Gymnasium em Nürnberg, uma fundação do Reformador de Melanchton. Seu título oficial: Professor das Ciências Filosóficas Preparatórias. Hegel era então um funcionário bem remunerado, mas sofria sob o mal necessário das funções administrativas. Seu consolo, nisso tudo, era poder escrever um manual sobre lógica que fosse adotado como parâmetro para todas as universidades da Bavária. Seus desejos realmente se realizaram, pelo menos no que diz respeito à feitura da referida obra planejada. Em 1812 vieram a público os três volumes da obra *Ciência da lógica*, sua obra principal, sobre a qual ele dizia com certa ousadia que se tratava dos pensamentos de Deus diante da criação.

Mas desde o começo, Hegel considerava Nürnberg como um posto de passagem. O fato de ter-se demorado ali por oito anos deve-se a um outro fator: Hegel se casara.

Vamos entrar nesse assunto para abordar um outro aspecto não menos interessante de nosso filósofo.

As mulheres

Segundo relata a irmã Christiane, em tudo que diz respeito às mulheres, ele era terrivelmente desajeitado. Na época de escola em Stuttgart, ele fez um curso de dança sobretudo para ficar olhando para as moças bonitas. Ficou muito tempo por ali: a orientação era ficar olhando as moças de longe, assim não poderia cometer muitas gafes.

Quando começou a ganhar um pouco mais de confiança, seus jogos preferidos eram jogos de pagar penhor, isto é, jogos competitivos onde as moças tinham que quitar sua aposta com beijos. Sua primeira paixão mais concreta só aconteceu aos 21 anos de idade. Era a filha de um Professor de Antigo Testamento já falecido e se chamava Auguste Hegelmeier. Ela deve ter sido muito bonita, segundo o especialista e biógrafo Rosenkranz. Ela morava com sua mãe junto com um padeiro, que possuía também um pequeno comércio de vinho. Toda noite ela tinha que visitar a adega, e o caminho passava pelo boteco do padeiro. E ali se demoravam todos eles, os apreciadores, pontualmente. Um desses apreciadores era o jovem estudante Hegel.

Mesmo com a maior boa vontade, o que aconteceu em particular entre os dois não é possível deduzir das diversas biografias. Uma única coisa é clara: Numa dedicatória ao amigo Fink, ele saúda o verão de 1790, cujo mote era o vinho, depois o verão de 1791, cujo mote era o amor. E a dedicatória finca com um esfuziante "V.A.!!!" (Viva Augustine!)

A atrevida Augustine, a estrela do bar do padeiro de Tübingen, acabou tornando-se a esposa de um vice-chanceler de justiça de Baden e faleceu no ano de 1840. Ela viveu nove anos mais que Hegel.

Entre a época de Berna e de Frankfurt, apareceu em sua vida Nanette Endel, uma amiga da irmã. Ela deve ter exercido uma grande impressão nele, pois por causa dela – Nanette era católica – ele acabou flertando temporariamente com a religião católica, que no mais, esse arraigado luterano, considerava como uma religião exótica. O contato se desfez quando ele se mudou de Frankfurt.

A próxima paixão do pensador suábio teve consequências mais difíceis. Deve ter-se dado por volta da conclusão do capítulo final da *Fenomenologia do espírito*, quando sua senhoria Christiane Burkhardt (nasc. Fischer), concebeu uma criança que nasceu no dia 5 de fevereiro de 1807 e recebeu o nome de Ludwig. A criança não proveio do espírito absoluto, mas do sublocatário Hegel. Era o terceiro filho extraconjugal que essa deplorável mulher dava à luz, a qual era além do mais casada. Nisso, Hegel viu uma razão suficiente para deixar Iena. A promessa de casamento não se cumpriu – mesmo após a morte do marido; o sustento do filho Ludwig, porém, era assegurado com o envio de dinheiro e mantimentos.

Era em Nürnberg agora que se davam todos os romances mais ou menos concretos de Hegel. Marie von Tucher, a mais velha de sete irmãos de um senador de Nürnberg, foi a escolhida que se casou com o reitor do Ägidien-Gymnasium em 1811, 21 anos mais velho que ela. Ele está enamorado, mas ao mesmo tempo nutre certas dúvidas. Só há uma coisa certa, seu trabalho na composição da *Lógica* não sofre nenhuma influência de seu casamento nem das semanas de lua de mel (Althaus).

O primeiro filho a nascer é uma menina e morre logo após o nascimento. O filho Karl atinge a idade bíblica de 85 anos, e o filho Immanuel a idade de 77 anos. O filho solteiro Ludwig acaba sendo acolhido em sua morada em Heidelberg, em 1816, depois da morte de sua mãe; mais tarde, em Berlim, porém, é mandado embora da casa por ter roubado oito moedas. É enviado para Stuttgart, onde se submete a um curso de comércio. Desde essa época, já não pode mais ostentar o nome *Hegel*, mas o nome de solteira da mãe, Fischer. Mais tarde alista-se no exército holandês, com o qual embarca de navio para a Indonésia Holandesa. No ano de falecimento de Hegel, 1831, ele falece em Java, de Malária, justo três meses antes de seu pai, que agora se tornara famoso.

A carreira (2)

Depois de oito longos anos em Nürnberg, Hegel está pronto. Há negociações para ele retornar a Iena, mas também Erlangen, Berlim e Heidelberg; finalmente ele se decide por essa última cidade. Foi novamente apenas uma época de transição, de 1816 a 1818, o auditório onde lecionava tinha no começo nada mais que 4 estudantes, mas o número foi aumentando até chegar a 70 estudantes.

Às vezes um pequeno detalhe faz uma grande diferença. Um pequeno escrito sobre os territórios do Reino de Wüttenberg demonstrava simpatias de Hegel pela monarquia. Isso foi ouvido em Berlim, que já intencionava convocá-lo em 1816. Mas esse convite não demorou a chegar, e mudou-se para essa metrópole da Europa, em pleno crescimento, auferindo o dobro do salário anterior. É claro que Hegel aceitou o convite e adentrou o palco de seu mais elevado sucesso. Sob o protetorado do ministro da cultura Altenstein e a benevolência do apreensivo rei reformador Friedrich Wilhelm II acabou transformando-se no filósofo do Estado, pura e simplesmente. A compreensão pelas censuras impostas pelo Estado, frases como "o Estado é o curso de passagem de Deus pelo mundo" ou "a filosofia se evadiu das outras nações para estabelecer-se na Alemanha", eram ouvidas em Berlim com muito prazer. Na segunda década do século XIX, a filosofia de Hegel já se tornara a dona não apenas da Prússia. Seu curso entre às 12 e 13h era um acontecimento social em Berlim, os ouvintes chegavam a 200 participantes, em parte vindos de todo mundo, rumo a Berlim, para ouvir o grande Hegel.

Embora seu aniversário de 56 anos de idade tenha sido articulado com um monstruoso desfile de Estado, houve também aspectos bastante sombrios. O defensor da censura foi momentaneamente atingido por ela. Mais adiante acabou-se atribuindo a ele um comportamento contraditório em algumas questões políticas.

Aí encontrava-se o carismático Friedrich Daniel Schleiermacher, supostamente o mais importante teólogo depois de Lutero. Surge uma rivalidade entre os dois por causa da destituição do cargo do teólogo De Wette, onde Schleiermacher chama a Hegel de "deplorável". Quanto a esses fatos, em geral, gosta-se de referir que os dois ilustres senhores avançaram um no outro de faca em mãos.

Um outro adversário é Schopenhauer, o filósofo com um olhar severo. Hegel pavimenta o caminho para sua habilitação, e sequer desconfia que no livro de Schopenhauer *O mundo como vontade de representação* acaba sendo xingado grosseiramente. A lista amistosa vai de "Calibã espiritual", "filósofo do ânus", até "fanfarronice" e "charlatanaria", para sua filosofia. Tomando ares de superioridade, Schopenhauer também marca suas preleções para o horário de 12 às 13h para roubar o público que ouvia Hegel. Mas tudo acabou num verdadeiro fiasco – para Schopenhauer.

Uma enfermidade fez com que Hegel, em 1829, se deslocasse para Karlsbad buscando tratamento. Foi ali que encontrou a Schelling, que se afastara dele, amargurado por causa do *Escrito sobre a diferença*, de Hegel. Mas não conseguem se reconciliar, pois Schelling está por demais ressentido.

Nesse ínterim, a doença da cólera está diante dos portões de Berlim. No verão de 1831, Hegel se muda temporariamente para o campo (Kreuzberg). Depois de seu retorno para casa, tem de se haver com a velha dor de estômago e o medo de ser contaminado pela epidemia. As dores de estômago e vômitos aparecem um dia antes de sua morte. Na segunda-feira, 14 de novembro de 1831, por volta das 15h é atacado novamente por breves convulsões de estômago. Por volta das 17:15h ele vem a falecer, sem dores, como relata a mulher Marie. Como *causa mortis* oficial aponta-se a cólera asiática.

Mas há razões para duvidar dessa informação. Em sua biografia sobre Hegel Althaus nos oferece uma leitura bastante interessante.

Um antigo aluno e agora colega de Hegel, Eduard Gans, 28 anos mais jovem que Hegel, anunciara para o semestre de verão de

1831/1832 a mesma preleção que Hegel. Gans era muito querido entre os estudantes, pois podia ser compreendido com facilidade. Com ele era mais fácil de aprender Hegel do que com o original. Gans viu então o risco de que os estudantes se agrupassem maciçamente ao seu redor, esnobando de Hegel, e, como reação, deixou um aviso no quadro-negro. Quando Hegel chegou à universidade, leu que Gans aconselhara os alunos a frequentarem as preleções de Hegel. O discípulo protegendo o mestre! Para Hegel isso soou como uma afronta, contra a qual protestou por escrito.

Não se pode excluir a possibilidade de ter sido essa explosão que reabriu suas antigas feridas no estômago, lançando-o ao leito de morte. Hegel estava por demais amargurado, pois percebera que "já se passara há muito o tempo dele junto à universidade, e em todo caso junto aos estudantes" (Althaus).

Dois dias mais tarde foi transladado para o cemitério Dorotheenstädter e enterrado às 15h ao lado de Fichte.

A crer em inúmeros discursos em sepultamentos, Hegel estaria no mesmo nível de Jesus, Alexandre o grande e Frederico II.

Sepultura de Hegel
Foto: Honolka

As obras

Não faz muito sentido sobrecarregar o leitor deste livro de filosofia com uma lista de todas as obras de Hegel. Há edições das obras completas que contam com 19, 26 e 30 volumes, que uma vez na vida seria preciso ter em mãos e folhear. Mas para o iniciante talvez seja fundamental ter conhecimento das obras que o próprio Hegel publicou. São as cinco obras que podem ser distribuídas nos quatro mais importantes estágios de sua vida:

• Iena: *Diferença entre o sistema de Scheling e de Fichte*, 1801; *Fenomenologia do espírito*, 1806/1807;

• Nürnberg: *Ciência da lógica*, 1812;

• Heidelberg: *Enciclopédia das Ciências Filosóficas*, 1817; e outras edições em Berlim;

• Berlim: *Princípios da filosofia do direito*, abreviado: *Filosofia do direito*, 1821.

Hegel durante as preleções.
Litografia de F. Kugler.

O MOTOR DA REALIDADE OU A DIALÉTICA

Numa reunião festiva em Weimar, Goethe pedia ao convidado Hegel para explicar com breves palavras o que significava propriamente *dialética*. "Com prazer, excelência", respondeu Hegel, descrevendo a dialética como um espírito antinômico regulado e formado metodologicamente, que inabita em cada ser humano. Infelizmente, não temos mais informações do que Hegel teria dito ainda a Goethe, razão pela qual nós próprios temos de buscar compreender esse conceito.

A palavra grega *dialegein* significa "entreler", enquanto que *dialegesthai* significa "refletir (*überlegen*), dar ordem aos argumentos" e sobretudo "entreter-se", o que fica claro na palavra *diálogo*. *Techne dialektike* significa a "arte da interlocução" (*Unterredung*), que se torna o recurso de estilo dos famosos diálogos platônicos de Sócrates. Assim, a melhor tradução de dialética seria então "método do discurso e da contradição", uma ponderação entre os prós e os contras, para se avançar nos enunciados.

Todavia, há 100 anos antes de Sócrates († 399 a.C.), o pensador grego Heráclito afirmava que Deus seria dia e noite, inverno e verão, guerra e paz, superabundância e fome. Assim, começa a se mostrar o que significa dialética: a unidade das contraposições possibilita a evolução da vida.

Numa aula, quando Hegel estava tratando de Heráclito, ele teria dito o seguinte em relação ao mesmo: "Aqui avistamos terra firme!"

Mas como se mostra essa terra firme? Talvez não haja nenhuma palavra com uma vida própria mais desfigurada que a palavra *dialética*. Quando se ouve essa palavra, o que se pensa de imediato na maioria das mentes é o tríptico composto de tese, antítese, síntese, coisa que jamais foi empregada por Hegel.

Se uma pessoa quer ir ao cinema, mas a outra prefere ir ao bar tomar cerveja, e por fim combinam de primeiro ir ao cinema e depois ao bar, isso nada tem a ver com dialética. Nesse caso é mais apropriado o dito que afirma que "tudo tem seus dois lados".

Começamos com uma introdução suave sobre o conceito hegeliano de dialética. De início, espantados, tomamos conhecimento por vez primeira que o ponto de partida da dialética não se encontra num emaranhado, distante do mundo, de especulações abstratas, mas no simples conceito do amor. No amor, Hegel encontra um acontecimento fiel da verdade, que perpassa toda a realidade. O que Hegel diz sobre o amor é um tesouro precioso do pensamento humano, que faz com que pareçam supérfluas toneladas de romances amorosos.

- Ali é um ser humano, um eu singular que ama. Até o presente, sua personalidade repousa em si mesmo. Ele posta-se soberano sobre seus próprios pés. (Se alguém quiser fazer essa ligação, pode chamar a isso de tese: o eu afirma a si mesmo e concebe-se como autoposição.)

- Mas no amor acontece algo de bem próprio. A pessoa que é atingida sai de si mesma, esquece de si e se entrega a uma dedicação total. Essa é uma clara negação, uma negação de seu eu originário (essa seria a antítese). Se só se restringisse a essa negação, as consequências seriam sujeição e um fim trágico.

- Mas agora acontece algo decisivo. Na dedicação à pessoa amada, na entrega da própria personalidade o que ama volta e encontra a si mesmo, experimenta a si mesmo de forma totalmente nova, ele se vê no outro e se depara ali com uma profundidade inusitada. Hegel diria em tal caso que essa síntese é a negação da primeira negação: nega-se a primeira negação do eu. Com essa dupla negação, a pessoa que ama encontra seu novo eu.

É possível transferir esse modelo de pensamento também ao amor de mãe: posição do eu, alienação e sacrifício na criança, suspensão da alienação no amor: o sacrifício já não é mais um sacrifício.

O exemplo que o próprio Hegel apresenta no "prefácio", a respeito do processo por que passa o botão, transformando-se em flor e depois em fruto, confirma esse conhecimento que retiramos aqui do fenômeno do amor: *A realidade encontra-se num movimento!* Nesse sentido, a dialética não é um método de astúcia, com o qual repercutimos a realidade a partir de fora, mas é um movimento que perpassa tudo que é como uma lei. A dialética é uma lei de movimento da vida.

Vamos nos aproximar, assim, do conceito de dialética através de três passos, que podem oferecer um melhor esclarecimento ao leitor.

1) Tudo o que é idêntico consigo mesmo. A pedra é uma pedra. Mas com essa assertiva nada conquistamos.

O próximo passo: o que é idêntico consigo mesmo é diferente de outro. Isto quer dizer: se o pensamento quiser expressar algo mais, deverá aportar algo de diferente, por exemplo, a pedra não é uma árvore. *Assim, cada ente carrega consigo uma diferença.*

Com esse conhecimento, já nos encontramos no seio do movimento dialético da realidade. Quero conhecer bem essa diferença recém-mencionada e assim ampliar meu saber. *Minha consciência distingue algo diferente de mim mesmo ou algo de algo diverso, com o qual, porém, permanece relacionada/o.*

Vamos esclarecer essa frase através de alguns passos um pouco mais demorados.

• Em algum lugar encontra-se um objeto. Ele tem um ser, independentemente de mim e de meu conhecimento. Ele é um objeto *em si*, sua verdade e sua essência estão contidas nele. Hegel chama a isso de "ser-em-si", equiparando-o com verdade e essência do objeto (*Gegenstand*).

• Segue-se a relação: O objeto não tem apenas um em-si independente, mas também uma aparição (*Erscheinung*), ele aparece para mim, ele se relaciona com minha consciência. É "para mim" uma árvore. A esse ser, Hegel chama de "ser-para-outro", "ser-(consciência) para-um-outro". O "para-outro" é a negação do em-si. Está em contraposição ao que era o objeto "em si", sem o que, o em-si acaba se tornando falso.

• Todavia, não se demora no ser-para-outro: também é negado como manifestação, e ambos, o em-si e o para-outro, essência e manifestação, coincidem em meu saber. Com isso surge o novo objeto: o conceito (p. ex., árvore). Ninguém poderá negar que aquilo que se move ali ao vento é algo distinto do que qualificamos com as seis letras á-r-v-o-r-e.

Mas esse novo objeto é ainda o antigo (ente-em-si), *junto* com a nova experiência feita pela minha consciência. Do em-si do objeto, veio a ser o ser-para-si da árvore.

Em bem poucos lugares o ser-para-si significa também ser-em--e-para-si, quando se torna em ponto de partida de um movimento dialético renovado. (Para uma melhor compreensão dos conceitos em-si, para-si etc., cf. o "pequeno glossário" à página 203.)

2) Uma explicitação um pouco mais detalhada como contribuição para os mais avançados.

• Temos aí um objeto em sua independência (*Selbständigkeit*) originária.

• Mas esse objeto só é e está em si mesmo porque é distinto de outros.

• Essa distinção é ela própria uma relação: o diverso relaciona-se com o que supostamente está em si mesmo. Assim, a negação retorna para a unidade a partir do estar-em-si-mesma e da contradição.

3) Para concluir, apresentamos ainda um breve resumo, com o qual queremos assegurar melhor essa lei do movimento dialético.

• Todo e qualquer objeto é primeiramente idêntico consigo mesmo, é e está em-si.

• Mas ele tem também uma diferença: seu contraposto, seu ser para mim e para outros.

• Essa contraposição também é sus-pensa e suprassumida e, como unidade entre o em-si e o para-outro, incide em meu saber, enriquecendo-o. Essa unidade corporifica-se no ser-para-si.

Mas agora surge algo de novo: nem por isso se alcançou, porém, a unidade definitiva, absoluta entre ambos, a unidade entre sujeito e objeto. Ou dito de forma mais precisa: ainda não. Isso porque, através de movimentos dialéticos sempre novos, a contraposição entre o saber e o objeto vai se elevando a níveis cada vez maiores, até triunfar definitivamente ao final do movimento.

Esse foi um pequeno ensaio para introduzir brevemente o leitor na ideia da dialética. Mas se alguém não conseguiu compreender, não se desespere. Através de toda a *Fenomenologia* vamos ter contato, ainda por diversas vezes, com o princípio dialético, razão pela qual nutrimos esperança de compreendê-lo plenamente.

Uma breve orientação...

...para lidar com este livro. Quem jamais leu a Hegel no original irrevogavelmente irá se deter e estacionar em sua primeira tentativa de compreender os textos impressos da *Fenomenologia*.

Alerta: Não faz muito sentido ficar remoendo os textos pesados e difíceis até compreendê-los por completo! Projetamos nosso livro de tal modo a não colocar no plano de frente do mesmo uma exegese conceitual pesada, que transformasse este livro num bloco lexicográfico árido. No plano de frente, queremos colocar, ao contrário, um apontamento prévio e despretensioso do virulento pensamento de Hegel, com o qual o leitor deverá estar em condições de ir compreendendo cada vez mais ao avançar na leitura de Hegel. Uma vez que, num ponto pelo menos Hegel deve ser objeto de uma crítica não apenas por parte dos principiantes: a *Fenomenologia* não é uma doutrina i-mediata das manifestações, no sentido de uma autorrevelação do espírito absoluto, que viria a se estabelecer sem "a contribuição ativa própria", mas deve ser trazida à luz com esforço, como que através de um trabalho de escavação arqueológica.

Para facilitar um pouco esse trabalho árduo de escavação, apresentamos em nosso livro alguns pontos de auxílio.

1) Ao final de cada capítulo, o leitor poderá encontrar um breve resumo, que recolhe unitariamente o que foi lido em vista do próximo capítulo.

2) Outro recurso que se encontra na parte final de nosso livro é o capítulo do "pequeno glossário", onde são explicados brevemente os conceitos centrais.

3) Quem ainda se vê machucado pelas duras rochas no distante caminho da *Fenomenologia*, poderá consolar-se com "a farmácia doméstica" do último capítulo, e depois retornar à leitura. É um recurso que vale a pena.

Em relação às citações

Mas, uma vez que cada publicação de Hegel tem, infelizmente, uma paginação própria, ao final da maioria das edições encontra-se um índice de concordâncias, à mão do qual é possível comparar diversas indicações de páginas com outras edições. Citamos os textos de Hegel, aqui, segundo duas edições usuais, a edição da Suhrkamp (stw 8) e a edição cuidadosa de J. Hoffmeister, publicada pela editora Meiner. Assim, por exemplo, a indicação 82 = 79 significa que a *Fenomenologia* começa na edição da Suhrkamp na página 82 e na Meiner, na página 79.

Quando falta a referência da página em alguma citação, o leitor poderá completá-la facilmente através do contexto. Colocar essas referências em todos os casos acabaria sobrecarregando a estética do texto.

PARTE I
CONSCIÊNCIA

A riqueza mais pobre ou a certeza sensível

A questão que pergunta pela realidade não é só a questão de Hegel. O que é real? O que é realidade? Essas questões, apesar de parecerem usuais, são em última instância, porém, profundamente filosóficas. Uma pessoa comum talvez responda que "só acredito no que vejo!" Nessa fórmula lapidar, a resposta atesta simplesmente uma certa burrice, pois o homem dispõe de muito mais sentidos do que a faculdade da visão.

Se essa mesma pessoa responde: Só acredito naquilo que meus cinco sentidos conseguem apreender!, ali podemos ver um pequeno progresso. Mas se ela fica presa nesse modo de ver, sempre ainda pífio, encontrará bem mais dificuldades para explicar conceitos como amor, desejo, aflição psíquica ou compaixão.

Talvez devêssemos ser mais condescendentes com essa pessoa comum. O próprio Hegel também faz isso. Isso porque ele parte de uma consciência que não poderia ser mais normal e mais natural: uma consciência que se enraíza no asseguramento dos objetos que estão ao nosso redor, através de nossos sentidos.

Agora vamos fazer a experiência de colocar-nos pelo pensamento diante da porta de nossa casa. As impressões que tocam nossos sentidos a cada segundo são tão abundantes que simplesmente não tem fim. Quase ficamos embriagados com a riqueza das infinitas impressões sensoriais que recebemos, de modo que chegamos a nos perguntar: Poderia haver realmente mais conhecimento do que esse?

A esse modo de pensar, Hegel chama de "certeza sensorial". Mas atenção: De início essa informação é vista em Hegel como o "mais rico conhecimento", porém, não se detém nisso.

Com essa informação prévia, nos arriscamos a ler Hegel, pela primeira vez, no original.

> O saber que é primeiramente ou de imediato nosso objeto não poderia ser outro do que é, ele mesmo, saber imediato, *saber do imediato* ou *do ente*. Nós igualmente, devemos nos comportar *de forma imediata* ou *perceptivamente*, portanto nada modificar nele, no modo como se apresenta, e manter nosso conceber (*Begreifen*) afastado do apreender (*Auffassen*). O conteúdo concreto da *certeza sensorial* se mostra imediatamente como o conhecimento *o mais rico*, sim, como um conhecimento da riqueza infinita, para a qual não há limites, tanto se *nos movemos para fora*, no espaço e no tempo, como os ambientes onde ela se estende, quanto se *vamos para dentro*, restringindo-nos um pouco dessa plenitude e nos concentrando numa parte da mesma. Ela aparece além do mais como *a mais verdadeira*; pois ela ainda nada abandonou do objeto, mas o tem diante de si em toda sua plenitude. Mas essa *certeza* se esgota, de fato, como a *verdade* a mais abstrata e a mais pobre. Sobre o que ela sabe, afirma apenas: Isso *é*; e sua verdade contém apenas o *ser* da coisa. Mas a consciência, por seu turno, está nessa certeza apenas como puro *eu*; ou *eu* estou ali dentro apenas como puro *esse* e o objeto igualmente apenas como puro *esse* (82 = 79).

Um pequeno consolo para aquele que, na leitura do primeiro texto, ainda tinha dificuldades: mais cedo ou mais tarde, acaba se acostumando com o estilo complexo de Hegel. Até chegar lá, vamos tentar ajudá-lo com nossas explanações.

O que foi dito precisamente no texto é, propriamente, bastante claro. Nós nos comportamos "percebendo", isto é, nosso saber funciona de imediato sem conhecimento prévios, sem esforços próprios. É a forma imediata de relação entre eu e o objeto, que apreendo com meus sentidos, e talvez sem pressupor qualquer teoria ou reflexão elaborada.

Mas o leitor que tem algum conhecimento da metafísica tradicional ou de outros projetos de filosofia ficará atônito: Aquilo que "é" para os sentidos, o ser, o que se constitui na meta derradeira para outros filósofos, o ser, que se deseja ver cair nas cordas, em Hegel, encontra-se logo no começo! No pensamento de Hegel, o fato de que algo "é", isso não é o supremo, mas o ínfimo que se pode ver de uma coisa. O objeto é, sem sombras de dúvida, realidade, não poderia ser percebido se não fosse.

Quando Hegel o rotula provisoriamente como puro ser, o mais puro conhecimento, verdade e essência, não vamos nos deixar enganar com isso, pois logo virá uma guinada nessa abordagem.

Mais uma pequena dica: a palavrinha "puro", que por exemplo num filósofo como Kant possui um sentido positivo, talvez deva ser compreendida aqui com um tom um pouco negativo, e talvez no sentido de "mero". Assim, *puro ser* significaria *mero ser*, e com esse deslocamento do significado coloca-se uma chave de compreensão importante.

> Mas no *ser puro*, que perfaz a essência dessa certeza, e que a expressa como sua verdade, se olharmos com atenção, vemos que ali se desenrola bem mais coisas. Uma certeza sensível real não é apenas essa imediaticidade pura, mas um exemplo da mesma. Entre as inúmeras diferenças que ocorrem, encontramos por todo lado a diferença capital, a saber, que a partir de seu ser puro, logo chamam a aten-

ção os dois mencionados *estes*, um *este* como *eu*, e um *este* como *objeto*. Se refletirmos sobre essa diferença, logo veremos que nem um nem o outro estão apenas *imediatamente* na certeza sensível, mas estão de imediato como *mediados*; tenho a certeza *através* de um outro, a saber, a coisa; e essa é/está novamente na consciência *através* de um outro, a saber, através do eu (83 = 80).

Alcançamos um primeiro nível: portamo-nos de modo passivo e vemos alguma coisa. Mas na medida em que fazemos isso, temos de ter claro que ver um objeto não é algo assim tão direto como parece: há uma relação entre aquele que vê (Hegel chama-o *esse como eu*, *esse eu*) e aquilo que é visto (*esse como objeto*).

Como exemplo, tomemos uma árvore, um exemplo empregado pelo próprio Hegel mais tarde. Uma árvore não pode ela própria dizer "eu sou uma árvore!", nem sequer o criador lhe pendurou uma placa onde estaria escrito "árvore". Ao contrário, é só uma pessoa ou um eu que pode dizer: Esta é uma árvore. E tampouco todo eu pode dizer isso, mas concretamente é só *esse* eu que pode dizer tal (isso se aplica também quando um coro canta em conjunto essa árvore, e então temos aí diversos *esse* eu").

E assim Hegel pode dizer que, a partir do ser puro da árvore, podem ser destacados, ou melhor, podem surgir dois *esses*:

a) esse eu ou o puro eu;

b) esse objeto: a árvore.

Quando Hegel afirma que nem o eu nem a árvore são "imediatos, mas mediados", isso significa: a certeza sensível não é tão imediata assim, pois ela vive de algo diverso (a árvore). E o ser da árvore, que é incontestável, precisa do eu para sua certeza (= *para o seu ser tornar-se ciente!*).

Já a essa altura, queremos introduzir dois conceitos, sem os quais não conseguiremos compreender a filosofia de Hegel: o em-si e o para-um-outro.

A árvore é uma árvore *em si*, independentemente de quem pensa a seu respeito. Mas apesar dessa imprescindibilidade, seu ser em-si não ajuda muito. Se ela é uma árvore *para mim*, para meu saber, carrega consigo uma definição, que Hegel vai chamar de *ser-para-alguém ou ser-para-um-outro*.

A partir desse ponto de vista, a certeza sensorial tem de renunciar a querer ser certeza imediata.

Olhando mais de perto a palavra "esse", percebemos algo que a certeza sensorial adotou cegamente: quando aponto para alguma coisa e digo "isso ali", sempre tenho em mente algo espacial e temporal, um aqui e um agora.

O "esse" possui um duplo ser, afirma Hegel, e com isso ele quer dizer que atribuímos um ser ao aqui e ao agora. *É bem mais que um apontar para a paisagem ou para o relógio!*

Logo isso vai ficar mais claro.

O agora é: A árvore que vejo às 15h, não a vejo incondicionalmente à meia-noite. Assim, o saber depende de um certo tempo.

O aqui é: A árvore que vejo na paisagem, não a vejo incondicionalmente em minha sala de estar.

> É *ela* própria, pois, que se deve questionar: *O que é o esse?* Vamos tomá-lo na dupla configuração de seu ser com *agora* e como *aqui*, assim, a dialética, que tem nele irá receber uma forma tão compreensível como é ela própria. À pergunta *O que é o agora?* respondemos, então, por exemplo: *O agora é a noite*. Para testar a verdade dessa certeza sensível é suficiente um

51

simples ensaio. Registramos essa verdade por escrito; pela escrita, uma verdade não se perde; tampouco o poderá pelo fato de a conservarmos. Vejamos novamente *agora*, *esse meio-dia*, a verdade registrada por escrito, então teremos de dizer que ela envelheceu. O agora que é noite se *conserva*, isto é, é tratada como aquilo que dela se tem em conta, como um *ente*; mostra-se antes como um não ente. O próprio *agora* se conserva como um tal que não é noite; o mesmo se dá em relação ao dia que é agora, como um tal que também não é dia, ou como um *negativo* como tal. Esse agora se mantém não é pois imediato, mas mediado; pois, enquanto algo que se mantém e se conserva é determinado *pelo* fato de que outro, a saber, o dia e a noite, não são. E ali é precisamente tão simples como antes, *agora*, e nessa simplicidade indiferente frente àquilo que ainda se desenrola junto a ele; tão pouco como quanto a noite e o dia são seu ser, tampouco são também dia e noite; não é afetado por esse seu ser-outro. Esse tal simples que através da negação, nem esse nem aquele, é um *não esse* e também indiferentemente de ser esse como aquele, chamamos de *universal*; o universal é portanto, de fato, o verdadeiro da certeza sensível (84s. = 81s.).

O parágrafo é mais difícil de ler do que parece. Queremos trazer-lhe uma explicação e depois retornar à frase ainda não esclarecida que diz que agora e aqui possuem um ser próprio.

Se não quero que eu corra em direção à árvore como um louco batendo como um selvagem ao seu redor, então tenho de dizer: esse eu vê o isso agora e isso aqui.

Agora nos representamos dois jarros, um deles traz escrito "o agora" e o outro a inscrição "o aqui". No (jarro)-agora encontram-se "agoras" momentos agora: meio-dia, de noite, 21h, esse abril, esse ano... no (jarro)-aqui encontram-se "aquis", determinações de lugar: aqui está a árvore, a casa, lá os gatos, o cachorro...

Tudo que "é" ou "não é" encontra-se em ambos os jarros, mas não se conserva ali, pois aquilo que está no tempo e no espaço se modifica constantemente. Mas o que não desaparece são os "estes". Eles permanecem. O agora permanece como ser, enquanto que o relógio repete inexoravelmente a indicação temporal do agora. O aqui se mantém como ser, enquanto que as localizações se modificam constantemente.

Mesmo o "esse eu" pode ser representado como um jarro para dentro do qual podem ser jogados todos os nomes possíveis ao lado do meu.

Vamos reforçar o que foi dito através de um exemplo: a frase "às 15h, no estádio olímpico, Harald assiste uma partida de futebol" está repleta de acasualidades e detalhes singulares, e todos eles não têm nenhuma certeza: o jogo pode ser transferido para as 18h por causa de chuva, pode ser transferido para outro estádio, e o bilhete de ingresso pode ter sido expedido para o colega Fritz.

Mas, ao contrário disso, a frase "esse eu vê um isso (seja lá o que for), num agora (seja qual for) conteria uma verdade maior que a frase anterior. Fica em aberto, porém, se essa verdade hegeliana tem algum valor para um anúncio da partida de futebol.

Em contraposição às coisas individuais que elas referem, as fórmulas "isso", "agora" e "aqui" têm validade universal. Por isso são chamadas por Hegel de um "universal". Assim, a verdade da certeza sensível não é o singular, mas o universal, e tampouco as supostas impressões singulares.

Mais uma vez a mesma coisa, no que se refere ao aqui.

> O *aqui não é uma árvore*, mas antes uma *casa*. O próprio *aqui* não desaparece; mas é permanente [...] e independentemente de ser casa, árvore (85 = 82).

O solo firme que a consciência sensorial acreditava deter, orgulhosa, com o "isto é" começou a hesitar. A verdade do "isto é" até permanece, é indispensável, mas se transforma na "verdade a mais pobre".

*

É nessa altura que tínhamos em mente contar brevemente aquela anedota que não pode faltar em nenhuma biografia de Hegel.

> Seu biógrafo Karl Rosenkranz conta que, no verão de 1806, Hegel mantinha um curso das 15 às 16h e das 17 às 18h. Depois de uma pequena sesta após o almoço, ele acordou com o toque do relógio e imaginou falsamente que já estava na hora de sua preleção de três horas. Começou a proferir a preleção sem se dar conta que estava falando diante dos estupefatos estudantes de teologia de seu colega, Professor Augusti, que tinha aula na mesma sala uma hora antes que ele. Quando esse reconheceu a voz de Hegel do outro lado da porta, também ele acabou se retirando pensando ter-se enganado com a hora. O tempo que os estudantes de teologia aguentaram Hegel falando, isso não sabemos. O que sabemos é as frases iniciais perspicazes que Hegel proferiu sorrindo na sua preleção de três horas:
> "Senhores, a primeira verdade ou antes a inverdade da certeza sensível é sobre as experiências da consciência sobre si mesma. Foi nela que nos detemos, e eu próprio fiz uma experiência especial disso uma hora atrás."

Depois desse episódio, que nos permitiu uma pausa, é chegada a hora da terceira expressão importante, sem a qual não poderemos compreender a totalidade do pensamento de Hegel: a negação. Para isso não precisamos ler nada de novo, basta o que já foi citado.

Já vimos que o "agora é noite" em algum momento já não se aplica mais com precisão. Quando se pronuncia o *agora*, já deixou de ser e não precisamos esperar até que chegue meio-dia. A verdade "desapareceu", foi "suspensa e suprassumida".

Mas aqui Hegel nos diz algo de precioso. Quando uma afirmação é suspensa, estamos acostumados a ver isso como algo negativo. Não, o enunciado *que agora é noite* é suspenso e suprassumido como um pedaço precioso de papel (recolhido do chão), ou seja, é conservado! Para apropriar-nos dessa visão do aparentemente negativo, Hegel exige inclusive que registremos essa verdade por escrito, pois assim não pode ser perdida.

Quando o agora já não é mais, então é passado. Mas o passado já não pode ser porque é passado. Isso soa um tanto pretencioso, mas é a verdade: quem afirma que o ser-passado é pode também afirmar que o cavalo branco é preto.

Vamos resumir brevemente.

1) Eu afirmo "o agora é" como primeira verdade.

2) Mas isso já não é tão correto, pois passou. É negado/renuído e, assim ,"suspenso/suprassumido".

3) Mas o que foi também não pode ser, e por isso tenho de suspender/suprassumir também o ser-suprassumido da segunda verdade.

Com isso, retornei ao primeiro "o agora é", mas numa forma modificada (p. ex., agora é meio-dia).

Um último passo que vai desmascarar a certeza sensível:

> *Expressamos* o sensorial também como um universal; o que dizemos é: esse, isto é, o *esse universal*, ou: *é*; isto é, o *ser como tal*. Ali não nos *representamos*, certamente, o esse universal ou o ser como tal, mas *expressamos* o universal; ou simplesmente não falamos como o *temos em mente* nessa certeza sensível. Mas, como se vê, a linguagem é o mais verdadeiro; nela refutamos nós mesmos, de forma imediata, nossa opinião, *o que temos em mente*, e uma vez que o universal é o verdadeiro da certeza sensível e a linguagem só expressa esse verdadeiro, não é possível que possamos jamais dizer um ser sensorial que *temos em mente* (85 = 82).

O que tem em mente Hegel quando afirma que jamais podemos dizer aquilo que temos em mente? Suponhamos que eu aponte para uma mesa no canto da sala. Todo mundo sabe o que tenho em mente com esse apontar. Mas se pronuncio as quatro letras l-i-v-r-o, através da linguagem, tratei o *esse* apontado como um universal. O conceito "mesa" como possível mesa de canto, mesa de escrivaninha, mesa de jantar, mesa de aparador... é, pois, mais universal do que aquela para a qual aponta o indicador. Assim, a linguagem sequer consegue expressar corretamente a certeza sensível.

O leitor seguramente irá se perguntar: Tudo isso que foi visto até aqui, o que trouxe de novo?

Se percebemos que a realidade está em movimento, fluindo, a resposta soa: provisoriamente uma enorme quantidade de coisas.

Sobre as propostas um tanto grandiloquentes de Hegel, agora ao final podemos sorrir com certa satisfação. "Tampouco os animais estão excluídos dessa verdade", afirma o grande pensador da Suábia. Se falou isso a sério ou ironicamente, o autor mesmo não pode dirimir. Mas há muita probabilidade que tenha falado a sério.

Para a próxima frase, imagina-se um cão, e diante dele um pote de ração.

> Você não está ali diante das coisas sensíveis como estando ali dadas em si, mas duvidando dessa realidade e com plena certeza de sua nulidade dirige-se a elas e as consome [...] (91 = 87).

O bom e bravo Rex mostra ser um dialético astuto, antes de se lançar duvidoso à tigela e começar a comer: à verdade do ser-em-si da tigela cheia, ele contrapõe o ser-para-mim da tigela e nega a primeira verdade. Após uma pequena reflexão, se convence de que o ter-sido do ser-em-si do comer não pode ser e, duvidando (deliciando-se?), mastigando, retorna à primeira verdade: o agora e aqui é o devorar.

Resumo do primeiro passo

Na configuração primitiva da certeza sensível, a consciência imagina que pode se relacionar direta e imediatamente com os objetos singulares. Mas isso é um engano, pois o suposto singular só pode ser apreendido como universal: os conceitos *esse*, *agora* e *aqui*, e sobretudo a linguagem desmascaram o singular como universal. – Mas o saber não se contenta com isso, ele avança questionando.

O JOGO DAS ABSTRAÇÕES OU A PERCEPÇÃO

Depois de abordarmos os animais "que duvidam", estamos de volta nós mesmos, mas (ainda) não temos razões para duvidar.

Vamos retomar o capítulo anterior. Após o primeiro movimento de pensamento, passamos pelo ser puro, isto é, o mero ser. Com o conceito de consciência sensível tentou-se apreender a singularidade de uma coisa como certeza.

Como exemplo para um "este" tomemos uma coisa redonda dotada de uma haste. Depois de examinarmos o que é essa coisa em-si e o que é para-um-outro (ou para mim), a certeza sensível assegura que o "esse" é propriamente algo universal: um conceito, e em nosso caso, uma maçã. O leitor há de concordar que o conceito de maçã é mais universal que uma coisa singular dotada de haste, aqui e agora. Surgiu um conceito.

Os sentidos nos mostram o que é, e assim o primeiro movimento do pensamento se torna passível de acolhimento (*auf-nehmend*).

Agora começa o segundo movimento do pensamento, a percepção (*Wahrnemung*). A consciência refere-se à coisa em sua universalidade, toma agora o universal como verdade, comporta-se per-cebendo, sem que o precedente se torne falso.

Se nossos sentidos se alegraram uma vez assistindo o pôr do sol no Caribe, essa visão idílica não é questionada pelo novo movimento do pensamento, como se jamais houvesse existido. Mas, de acordo com as palavras de Hegel, ela é "suspensa/suprassumida".

É indispensável que o leitor tenha sempre diante dos olhos os três significados de "suprassumir" (*aufheben*):

1) no sentido de negar (distinguir de si, renuir);

2) no sentido de conservar (p. ex., ajuntar do chão para guardar);

3) no sentido de elevar, levantar a algo (latim: 1) *negare*; 2) *conservare*; 3) *elevare*).

Na percepção, a coisa (sob conservação da experiência sensorial), por fim adquire contornos, uma vez que a coisa se deslinda como portadora de propriedades.

> Agora, temos de determinar mais profundamente esse objeto, e essa determinação deve passar por um breve desenvolvimento elaborativo a partir dos resultados que surgem; uma elaboração mais detalhada não caberia aqui. Mas visto que seu princípio, o universal, é em sua simplicidade um algo *mediato*, deve exprimir isso nele como sua natureza; Através disso, ele se mostra como *a coisa de muitas propriedades*. A riqueza do saber sensível pertence à percepção, não à certeza imediata, na qual ele era apenas algo acidental; pois é só ela que possui a *negação*, a diferença ou a multiplicidade em sua essência (93s. = 90).

No final do texto recém-lido surge novamente o conceito de negação. Esse conceito não mais nos irá irritar de ora em diante se recordarmos e recapitularmos que, para Hegel, negação nada mais significa que diferença. Quando Susana percebe sua amiga Sabina, esta é a diferença em relação a ela que se deu na percepção, mesmo que ninguém chegue à conclusão de chamar a isso de negação de Susana.

Retornemos ao texto. Percebendo (*wahr-nehmend* = apreendendo a verdade = *die Wahrheit nehmend*), a consciência descobre determinações e diferenças no objeto. Ela propõe certas propriedades à verdade do objeto. Caso isso não ocorra, a coisa permaneceria "indeterminada", isto é, "sem propriedades".

Assim, o pensar chegou à distinção entre um objeto e suas propriedades.

Propriedades, que pertencem necessariamente a um objeto, precisam pois ser dela distinguidas pela percepção: o ácido que pertence essencialmente à maçã deve ser distinguido dela a fim de que eu tenha o conceito de maçã.

Quando, no seguinte texto, Hegel afirma que o ser é um universal pelo fato de ter nele a mediação ou o negativo, com isso ele tem em mente o seguinte:

Toda e qualquer coisa da percepção sofre de uma contradição. É um enquanto se distingue das outras coisas (o ser-um da maçã consiste no fato de não ser as outras maçãs e também distinguir-se do limão). Mas é igualmente um universal, porque se divide para mim (para-um-outro) numa infinidade de determinações (a maçã tem propriedades que são universais; assim, p. ex., também o vinagre e os limões têm o ácido).

Essa contradição (no texto, o negativo) entre o um e o universal constitui o tema central de todo o livro! Num primeiro momento, referimos isso com a relação das propriedades entre si, e num segundo momento, referimo-lo à relação da coisa com as próprias propriedades.

> Mas o ser é um universal pelo fato de ter nele a mediação ou o negativo; na medida em que *expressa* isso em sua imediaticidade, é uma propriedade *distinta, de-*

terminada. Com isso estão colocadas ao mesmo tempo *muitas* dessas propriedades, uma sendo a negativa da outra. Na medida em que elas são expressas na *simplicidade* do universal, essas *determinações*, que são apenas e propriamente propriedades através de uma determinação acidental, referem-se *a si próprias*, são *indiferentes* umas para com as outras, cada uma para si, livre das outras. Mas a própria universalidade simples, igual a si mesma, é por seu turno distinta dessas suas determinações e é livre; ela é o puro referir a si mesma, ou o *medium* onde estão todas essas determinações, onde essas se *interpenetram*, portanto, nela, como numa unidade *simples*, mas sem *se tocarem*; pois é justamente por causa da participação nessa universalidade que elas são indiferentes para si. – Esse *medium* universal abstrato, que pode ser chamado de *coisidade (Dingheit)* como tal ou a *pura essência*, nada mais é que o *aqui* e o *agora*, como ficou demonstrado, a saber, como um *conjunto simples* de muitos; mas, *em sua determinação*, os muitos são eles próprios *simples universais*. Esse sal é simples aqui e ao mesmo tempo múltiplo; é branco e *também* acre, tem *também* a forma cúbica, tem determinado *peso* etc. todas essas propriedades estão num *aqui* simples, onde se compenetram; nenhuma delas possui um outro aqui diferente das outras, mas cada uma está no mesmo lugar em que está a outra; mas ao mesmo tempo, sem serem separadas por um aqui diferente, elas não se afetam mutuamente nessa compenetração; o branco não afeta nem modifica o cúbico, esses dois não afetam nem modificam o acre etc., mas visto que cada uma, ela mesma, é um simples *referir a si*, deixa as outras em paz e só se relaciona com elas através do *também* indiferente (94s. = 90s.).

Importante para se notar aqui é a fala da indiferença das propriedades; Hegel fala de uma universalidade positiva das propriedades, uma vez que *branco, cúbico, acre* e *pesado* não se contradizem.

> Nesse relacionamento que assim emergiu, o que é inicialmente observado e desenvolvido é somente o caráter da universalidade positiva; mas também se apresenta um aspecto que deve ser tomado em consideração. É o seguinte: se as muitas propriedades determinadas fossem simplesmente indiferentes, e se relacionassem exclusivamente consigo mesmas, nesse caso não seriam determinadas: pois isso são apenas à medida que se diferenciam e se relacionam com outras como opostas. Mas segundo essa oposição, não podem estar juntas na unidade simples de seu meio, que lhes é tão essencial quanto a negação. A diferenciação dessa unidade – enquanto não é uma unidade indiferente, mas excludente, negadora do Outro – recai assim fora desse meio simples. Por isso, esse meio não é apenas um *também*, unidade indiferente; mas é, outrossim, o *Uno*, *unidade excludente*. O Uno é o *momento da negação* tal como ele mesmo, de uma maneira simples, se relaciona consigo e exclui o Outro; e mediante isso, a *coisidade* é determinada como *coisa* (95s. = 91s.).

Ao lado da universalidade positiva de propriedades, há para Hegel, portanto, também uma universalidade negativa de propriedades. O doce exclui, por exemplo, o acre, o redondo exclui o cúbico etc.

A partir da relação entre coisa e propriedade, entre as propriedades entre si, tanto faz se forem indiferentes ou excludentes, surge, então, em última instância, a percepção. No que se segue, Hegel começa a elaboração mais detalhada das relações contraditórias (que se distinguem) também das coisas entre si para o "todo da percepção". Justo através de suas diversas propriedades, uma coisa tanto pode ligar-se com outras coisas quanto pode delas se separar.

Se ora, num segundo passo, voltarmos a analisar mais detalhadamente a relação entre coisa e propriedade, vamos nos deparar de novo com o seguinte estado de coisas: a coisa da percepção sobre de uma contradição. Essa contradição faz com que a consciência que percebe acabe tropeçando. Agora vamos considerar então essa pedra de tropeço com um pouco mais de precisão.

Através do exemplo da maçã e sua propriedade ácida, o tema já tem certo encaminhamento. Há duas possibilidades de determinar a essência de um objeto, de *per-cebê-lo*:

Possibilidade 1: A essência de um objeto é seu ser-um. Nesse caso, a unidade *aparece* apenas para a consciência como desmembrada em muitas propriedades.

Possibilidade 2: A essência do objeto é a multiplicidade de propriedades, visto que suas propriedades convém também a outras coisas. A multiplicidade então é aglomerada numa unidade pela consciência percebente.

Desse modo, o objeto tem dois significados: Se acolhermos a possibilidade 1, a de número 2 aparece como engano. Se nos decidimos pela possibilidade 2, a número 1 aparece como engano.

Qual é, pois, a correta? É claro que nenhuma das duas, pois tanto a contraposição unidade/universalidade e o estar-ligado mútuo de unidade e universalidade, enquanto contradição, pertencem à coisa.

A essa altura temos de falar de um novo conceito, introduzido pelo próprio Hegel, e indispensável para a compreensão de sua filosofia, a saber, o ser-para-si. Em diversas interpretações, é visto como o para-si é o em si do ser humano. É verdade que isso tem certa plausibilidade, mas ademais é preciso também tomar conhecimento de que, para Hegel, o ser-para-si já foi atribuído aos objetos: bem que no início está o em-si do objeto, mas nesse meio-tempo toda espécie de momentos subjetivos já fluíram para esse em-si. Com o segundo movimento do pensar, o eu, enquanto aquele que percebe, já subimputou determinadas condições à coisa: que ele seria universal, que essa universalidade seria uma vez positiva, outra negativa, e sobretudo, que a unidade leva consigo sua diversidade etc. Assim, a hipótese de que as coisas possuam uma vida própria, como sujeitos, não é lá tão discrepante.

Dito de forma resumida: *quando se torna conceito, o em-si torna-se em para-si.*

Podemos, inclusive, dizer que, sem o ser-em-si da coisa não acontece nada, mas a coisa só pode ser pensada em seu ser-para-si. É esse o sentido da seguinte frase obscura de Hegel:

> [...] o objeto, *em uma e mesma retrospectiva é o contrário de si mesmo: é para si, na medida em que é para outro, e é para outro, na medida em que é para si* (104 = 99).

Dito de forma um pouco mais simplificada: a separação da coisa da outra é precisamente sua relação com a outra.

Assim, Hegel chega à conclusão de que também a percepção leva adiante só um pouquinho nosso saber, visto que toda percepção é um jogo de "abstrações vazias", mantendo uma abertura ímpar para enganos, e porque o entendimento perceptivo "é enviado de um extravio ao outro" (106 = 101).

O próximo texto mostra o desamparo da percepção e seu titubear. Mas, de antemão, é bom avisar ao leitor que o "círculo rodopiante" de verdade e inverdade nada mais é que um antegosto do conflito perene entre unidade e multiplicidade, ser-um e diversidade, que é acionado para o restante da *Fenomenologia* como relação fundamental entre singularidade e universalidade, em variações sempre novas, até que um dia se tenha superado a cisão.

> Esse percurso, uma alternância perpétua entre o determinar do verdadeiro e o suprassumir desse determinar, constitui a rigor a vida e a labuta, cotidianas e permanentes, da consciência que percebe e que acredita mover-se dentro da verdade. Ela procede sem descanso para o resultado do mesmo suprassumir de todas essas essencialidades ou determinações essenciais. Porém, em cada momento singular, só está consciente desta única determinidade como sendo o verdadeiro; logo faz o mesmo com a oposta. Bem que suspeita de sua inessencialidade; para salvá-las do perigo que as ameaça, recorre à sofistaria, afirmando agora como o verdadeiro o que antes afirmava como o não verdadeiro. Ora, a natureza dessas essências não verdadeiras quer propriamente induzir esse entendimento a conciliar – e portanto, a suprassumir – os pensamentos dessas inessências, ou seja, os pensamentos dessa universalidade e, dessa singularidade do também e do Uno, daquela essencialidade necessariamente presa a uma inessencialidade, e de uma inessencialidade que é, contudo, necessária. Mas, ao contrário, o entendimento recalcitra, e apoiando-se nos enquanto e nos diversos pontos de vista, ou tomando sobre si um pensamento para mantê-lo separado do outro, e como sendo o verdadeiro. Mas a natureza dessas abstrações as reúne em si e para si. O bom-senso é a presa delas, que o arrastam em sua voragem. Querendo conferir-lhes a verdade, ora toma sobre si mesmo a inverdade delas, ora chama ilusão uma aparência das coisas indignas de confiança, separando o essencial de algo que lhes é necessário e ainda assim, que-deve-ser-inessencial; e mantém aquele como sua verdade, frente a este. [Com isso] não salvaguarda para essas abstrações sua verdade, mas confere a si mesmo a inverdade (106s. = 101s.).

> **Resumo do segundo movimento do pensar**
>
> Como segundo movimento do pensar encontramos a percepção. Agora ela apreende os objetos como universal. Ao mostrar as propriedades, também ela entra em contradição entre unidade e universalidade. Quando ela busca dar uma resposta, logo recai no engano.

Uma olhada por trás da cortina ou força e entendimento

Depois de subirmos mais um degrau na escada do conhecimento, ao vermos a percepção, constatamos decepcionados que estacionamos num redemoinho de abstrações, de onde temos de sair o mais rápido possível. Encontramos o caminho de saída suspendendo a questão pelo condicionado (São os objetos que são condicionados pelas propriedades, ou são as propriedades que são condicionadas pelos objetos?) e tentamos olhar para o interior do objeto. É esse o tema do capítulo III.

III – Força e entendimento, fenômeno e mundo suprassensível

> Para a consciência, na dialética da certeza sensível, dissiparam-se o ouvir, o ver etc. Como percepção chegou a pensamentos que pela primeira vez reúnem no Universal incondicionado. [...] Esse Universal incondicionado, que de agora em diante é o objeto verdadeiro da consciência, ainda está como objeto dessa consciência – a qual ainda não apreendeu o conceito como conceito (107s. = 102s.).

O objetivo do terceiro nível do conhecimento é reunir no objeto os momentos do imediato e do universal já encontrados; é por isso que Hegel chama de o Universal incondicionado ao nível que deve ser alcançado. É bem verdade que até o presente a consciência encontrou um conceito, mas ainda não refletiu a respeito ("ainda não apreendeu o conceito como conceito"). Esse apreender o conceito como conceito é tarefa do Universal incondicionado.

Mas o que significa isso? Significa evadir-se do redemoinho dos enganos, olhar para o interior da coisa em si (o que era impossível para Kant, visto que em seu modo de ver, a coisa em si jamais poderia estar à disposição do ser humano!) Esse espiar por trás das cortinas, que delimita a coisa em si de sua manifestação para nós, é para Hegel o "apreender o conceito como conceito".

Lentamente, queremos realizar esse procedimento.

Percebo uma mesa, que aparece como unidade. Bem de repente, a unidade desdobra-se em multiplicidades: marrão, quadrada, quatro pés, cantos, modelo vermelho, parafusos... a percepção consegue distinguir essas multiplicidades do ser-em-si da mesa, pois agora ela vê o ser-para-um-outro, o ser-para-mim: é quadrada, marrão, modelada etc. Assim a percepção, ponderando, vai até esse ponto de perguntar se o que perfaz a essência da coisa é unidade ou multiplicidade.

Agora se dá o novo passo: essas multiplicidades não ficam ou jazem ali dispersas frente à consciência que percebe, mas no conceito retornam ao objeto.

A percepção permaneceu no conceito não refletido. Agora este precisa ser pensado, e isso é tarefa do entendimento. Ele pensa igualmente esse desmembramento do em-si em muitas singularidades, e igualmente o retorno das singularidades no ser-um do objeto.

Esse copensar é bem mais que um acompanhar é uma sobre-elevação (*Überhöhung*) do conhecimento. A difusão do um nas multiplicidades e o retorno na unidade é para o entendimento apenas um primeiro passo de acompanhamento. Ele pergunta: O que é o motor do todo? O que é que mantém junto o todo, independentemente das propriedades (que nem por isso perdem sua importância)? O que é o imo das coisas, por trás da cortina? No seu imo, as coisas têm um ser-constituído, uma "autoconstituição", do mesmo modo que cada Estado possui sua constituição, que reúne e guarda a totalidade de seus cidadãos?

Hegel responde que sim e acredita ser um feito revelador. É só o entendimento, com o auxílio dessa constituição, que poderá solucionar o problema deixado para trás pela percepção. Hegel eleva sua descoberta ao grau de categoria. Uma categoria (Aristóteles descobrira 10, Kant descobriu 12) é como que um fator ordenador, um princípio organizacional, expresso ao entendimento para ordenar e formar seu pensamento. Em Hegel a categoria se chama "força". É uma espécie de categoria originária, e tem dois aspectos.

- *Um aspecto externo*: Força que não atua, e permanece só, não é força. Ela precisa atuar. A isso Hegel chama de exteriorização de força. A exteriorização da força é o ser-para-outro da força. Tomemos previamente o exemplo dado por Hegel da força da gravidade. Eu noto a exteriorização da força, no pior dos casos, quando me cai uma pedra sobre o pé.

- *Um aspecto interno*: Mas a força também deve provir de algum lugar e não se esgotar com a exteriorização. É verdade que, com a queda dolorosa da pedra sobre meu pé, exteriorizou-se a força da gravidade, mas nem por isso deixa de ser força.

A passagem que nos informa porque é justamente a força que representa o universal incondicionado, vamos encontrá-la na página 110 = 105:

> Mas, de fato, a força é o Universal incondicionado, o qual é para si mesmo o mesmo que é *para um outro*; ou que tem em si mesmo [...] a diferença.

Ter em si mesmo a diferença significa: o ser-para-outro da força (o que é o contrário ou a diferença para com o ser-para-si) coincide com o ser-para-si da força (o que é o contrário ou a diferença para com o ser-para-outro). É por isso que Hegel considera a força "como essa força total que permanece essencialmente *em e para si*".

Num outro passo, Hegel quer demonstrar que cada força consiste propriamente em duas forças, que estão acopladas entre si. Essa duplicação da força é criticada por muitos intérpretes. Um comentador qualifica esse passo dado por Hegel de "extremamente deficiente".

Hegel precisa de 25 páginas cheias de formulações obscuras, para levar seu raciocínio, nem sempre coerente, até o ponto em que ele quer chegar: a saber, que o saber, que já encontrou o conceito na certeza sensível e na percepção, seria agora também um saber do conceito.

Não é só o principiante em filosofia que se vê desesperado diante de uma exigência exagerada com a luta frente à trama dessas 25 páginas obscuras. Por essa razão, contraímos o conteúdo e assim nos encontramos na companhia de outros intérpretes.

A exteriorização da força não acontece arbitrariamente ou ao bel-prazer, mas deve ser provocada. O que é provocado sempre precisa de alguma coisa que o provoque. É por isso que Hegel falou da duplicação da força. Essa expressão demanda de nós um exemplo. É claro que os exemplos sempre são algo claudicante, mas nos ajudam a compreender.

Com seu punho um boxeador soca a esfera de treinamento. A força no interior do boxeador (músculos, braço, corpo ou cérebro) se exteriorizou numa manifestação e retorna depois do golpe. A segunda força encontra-se na bola de boxe; indiscutivelmente, dessa exterioriza-se uma força que aquele que bate experimenta como dor ou como resistência. Intercalando-se, as duas forças recolhem de volta seus campos de força.

Para Hegel, é importante, perceber que por trás da resistência do próprio objeto "passivo" está igualmente uma força, do mesmo modo que por trás da força ativa. *Assim, as exteriorizações de força sempre acontecem como jogo de forças e contraforças.*

Antes de lermos o próximo texto como recapitulação, vamos fazer uma pequena recordação. Ali, nos deparamos com a expressão "força recalcada de volta para si". Foi possível descrever essa como força na qual, após a descarga/exteriorização, continua a conter um campo de força latente, como por exemplo a força da gravidade.

> O conceito de força se mantém, antes, como a essência em sua efetividade mesma; a força, como efetiva, está unicamente na exteriorização que igualmente não é outra coisa que o suprassumir a si mesma. Essa força efetiva, representada como livre de sua exteriorização, e para si essente, é a força recalcada em si mesma. Por sua vez essa determinidade é de fato, como se revelou, apenas um momento da exteriorização. A verdade da força permanece, pois, só como pensamento da mesma, e os momentos dessa efetividade, suas substâncias e seu movimento desmoronam sem parar numa unidade indiferenciada – que não é a força recalcada sobre si (pois ela mesma é só um momento desses), senão que essa unidade é seu conceito, como conceito. A realização da força é assim, ao mesmo tempo, a perda da realidade. A força se tornou, pois, algo totalmente distinto, a saber, essa universalidade que o entendimento conhece primeiro ou imediatamente como sua essência; e que também se mostra como sua essência em sua realidade, que deve ser, nas substâncias efetivas (115 =109s.).

Hegel já abriu um pouco a porta para podermos olhar para o interior da coisa. Depois que a força se exteriorizou, (para o momento), isso significa um "suprassumir a si mesma" ou uma "perda de realidade". Apesar disso, a essência da força se mantém represada em si mesma, preservada em sua tensão latente, e agora o entendimento conhece o primeiro conceito de força realmente como conceito ("essa unidade é *seu conceito enquanto conceito*").

Assim, força não é um objeto que se abre para os meus sentidos; isso não passaria da exteriorização da força, quando grito de dor ao sentir que a pedra atingiu meu pé. A verdadeira força só se manifesta ao entendimento. É só ele que compreende que a força dos objetos que se manifestam repousa num interior que se oculta.

É o que quer dizer também a frase obscura, apresentada acima: "a verdade da força permanece, pois, só como o *pensamento* da mesma". Agora o pensamento não tem mais apenas o pensamento de si, mas agora sabe sobre ele (tem o conceito como conceito), ou, agora o saber alcançou a qualidade do saber real.

Hegel parece fascinado aqui: o entendimento olha "através desse meio do jogo das forças para o verdadeiro plano de fundo das coisas" (116 = 110), "a cortina [...] que estava diante do interior foi retirada" (135 = 128).

*

Mas o que é que enxerga o entendimento? Nada. E isso não é uma brincadeira, pois o nada refere-se a nossos sentidos. O interior das coisas está/é vazio e um puro além para a consciência sensorial. Hegel diz que é como um cego que caminha por entre a riqueza do mundo suprassensível, ou como alguém que enxerga caminhando por entre as puras trevas. O resultado é o mesmo.

Estamos no ponto de articulação entre o mundo sensível e o mundo suprassensível (i. é, não mais sensível). Não podemos subavaliar a importância desse ponto de articulação. É como a dobradiça de uma porta giratória, onde a força se lança para o mundo como exteriorização, onde ela também se mostra como exteriorização, para num movimento contrário, retornar para o mundo suprassensível, onde ela está em casa como conceito abstrato.

É só ali que é a abstração daquilo que se manifesta lá fora como efeito, só ali ela é o resultado universalizado da reflexão sobre si mesma, o conceito como conceito.

Retomamos o exemplo do sal: a força do sal se exterioriza como atuação na língua, é uma exteriorização no fenômeno sensorial. A força é um para-outro. Mas no ser-para-si, o sal encontra sua verdade no "suprassensível": não mais apenas no conceito de sal (como na percepção), mas no saber do entendimento da categoria da força, que se encontra guardada no sal (assim, p. ex., a fórmula $NaCl$ é uma descrição para o sal "suprassensível").

Mas a reflexão sobre força e exteriorização de força é só o começo do saber do conceito. A seguir, Hegel vai questionar o que é que permanece igual e o que se mantém constante em todo esse jogo de força e contraforça. Ele vai encontrar essa constante na normatividade que reina por trás de todas essas forças. Sem essa, toda a natureza seria caótica e fortuita.

O próximo passo do pensamento é, então, evidente: as leis da natureza são múltiplas, mas não é uma multiplicidade confusa, mas ordenada. Por trás da lei da força da gravidade está a força da força da gravidade; por trás da lei da eletricidade está a força da eletricidade etc. Assim, a unidade abstrata de todas as leis é aquilo que Hegel chamou de "lei da força". As muitas forças coincidem todas em uma.

*

Como conclusão, e lançando mão de um exemplo, queremos compilar os dois passos da consciência e apresentar resumidamente o terceiro.

1) Na primeira certeza sensível eu me relaciono com uma coisa singular de forma esférica. É bem verdade que a coisa é essa coisa em-si, aqui e agora, mas logo percebo que é também para-um-outro (para-mim), pois posso comê-la. De uma coisa singular, transformou-se em algo universal.

2) Na percepção apreendo as propriedades das coisas: casca amarela, gosto ácido. Algumas propriedades são indiferentes entre si, o amarelo não exclui o ácido. Algumas propriedades comportam-se como excludentes: o amarelo exclui um vermelho, o ácido exclui um doce etc. O resultado da percepção é que a consciência até formou um conceito universal, limões, ou ainda mais universal, uma fruta cítrica; todavia, nesse conceito não consigo pensar conjuntamente os momentos ser-um e multiplicidade.

Resumo do terceiro capítulo

3) No conceito da fruta cítrica, o entendimento pensa conjuntamente esses momentos e descobre algo universal e incondicional no conceito: a força. Ele desdobra a força dialeticamente e chama ao ser-para-outro de exteriorização de força: tempero ácido, promoção da saúde... Mas a força tem também um ser-para-si: como vitamina C, a força latente se mantém no "interior" da fruta. Como unidade do ser-para-si e do ser-para-outro, a vitamina, enquanto a força "represada em si", permanece um produto de meu entendimento. Agora, ele não só sabe que a coisa possui uma força, agora ele sabe também de seu saber.

Com isso, Hegel suprassumiu a separação entre a natureza da manifestação e a natureza do interior.

Assim, minha consciência do objeto não é a consciência de uma realidade estranha, mas a consciência de meu saber. E, para Hegel, isso nada mais é que consciência-de-si.

Onde mora a verdade ou a consciência-de-si

O capítulo precedente preparou o caminho para compreendermos o conceito de consciência-de-si. Com a transição da consciência para a consciência-de-si, a filosofia de Hegel ingressou numa fase decisiva de seu desenvolvimento. Mas o que significa consciência-de-si para Hegel?

Todo mundo conhece aquela imagem do varão, que de peito inflado anda de lá para cá "autoconsciente". Mas essa é uma imagem desfigurada de consciência-de-si. Apesar disso, esse homem não deixa de ter motivos de se comportar assim, pois, seja com for, ele tem um saber de direito daquilo que seu tórax inflado deixa transparecer.

A consciência-de-si tem ciência de si mesma, isso se depreende da própria palavra. Com isso ainda não se disse tudo. Se fosse tudo, tratar-se-ia de uma "tautologia morta". Com o saber "eu sou eu" nada se alcança, é o que diz Hegel no texto a seguir. Trata-se de algo mais amplo: meu saber dirige-se ao saber do objeto.

A descrição mais bem caracterizada do que seja consciência-de-si provém de Eugen Fink:

No saber, o eu se confronta com o sabido. Ou seja: não se confronta com o objeto, mas com o objeto sabido!

Com isso, o eu não permanece autorreferido, junto a si mesmo. O "eu = eu", correto, mas que não diz nada, é rompido. Reconhece a si mesmo no saber do alheio, retorna a si de um ser-estar-fora-de-si.

Aqui é necessário apresentarmos um exemplo. Um astrofísico está pesquisando o fenômeno (= manifestação) dos buracos negros no espaço universal, e desenvolve a teoria X ou Y. Nessas pesquisas, o saber desse pesquisador não é uma relação entre ele e os buracos negros, mas entre ele e a teoria X ou Y. O saber do astrofísico relaciona-se com o saber dos buracos negros, quer dizer, seu saber relaciona-se consigo mesmo. Na linguagem de Hegel, isso significa consciência-de-si.

Assim, a consciência-de-si já não tem a ver com algo de estranho (buraco negro, sal, pedra, árvore), *mas, em seu saber, tem a ver consigo mesmo.*

Com esses esclarecimentos prévios, estamos em condições de adentrar o "reino nativo da verdade". Isso porque, o saber se lançou de seu saber sobre o objeto elevando-se a uma nova dimensão.

> Surgiu, porém, agora o que não emergia nas relações anteriores, a saber: uma certeza igual à sua verdade, já que a certeza é para si mesma seu objeto, e a consciência é para si mesma o verdadeiro. Sem dúvida, a consciência é também nisso um ser-outro, isto é: a consciência distingue, mas distingue algo tal que para ela é ao mesmo tempo um não diferente (137 = 133).

Quando Hegel diz que a consciência distingue aquilo que para ela é ao mesmo tempo um não diferente, quer dizer com isso que na frase "eu sei sobre mim", o mim é formalmente uma diferença em relação ao "eu", mas apesar disso, também sei de mim como estando unido com essa diferença.

> Com a consciência-de-si entramos, pois, na terra pátria da verdade. Vejamos como surge inicialmente a figura da consciência-de-si. Se consideramos essa nova figura do saber – o saber de si mesmo – em relação com

> a precedente – o saber de um Outro – sem dúvida, que este último desvaneceu; mas seus momentos foram ao mesmo tempo conservados; a perda consiste em que estes momentos aqui estão presentes como são em si. O *ser* visado [da certeza sensível], a *singularidade* e a *universalidade* – a ela oposta – da percepção, assim como o interior vazio do entendimento, já não estão como essências, mas como momentos da consciência-de-si; quer dizer, como abstrações ou diferenças que ao mesmo tempo *para* a consciência são nulas ou não são diferenças nenhumas, mas essências puramente evanescentes. Assim, o que parece perdido é apenas o momento-principal, isto é, *o subsistir simples e independente* para a consciência. De fato, porém, a consciência-de-si é a reflexão, a partir do ser do mundo sensível e percebido; é essencialmente o retorno a partir do *ser-Outro*. Como consciência-de-si é movimento; mas quando diferencia de si *apenas a si mesma* enquanto si mesma, então para ela a diferença é *imediatamente suprassumida*, como um ser-outro. A diferença não *é*; e a consciência-de-si é apenas a tautologia sem movimento do "Eu sou Eu". Enquanto para ela a diferença não tem também a figura do *ser*, não é consciência-de-si (138 = 134).

Tudo isso pode soar com um tom de empáfia, mas é algo bem mais simples do que parece. Queremos dar uma olhada, agora, nesse nível do saber a que nos elevamos, e para nossa segurança revisar os estágios que deixamos para trás.

Depois da certeza sensível da "essa" coisa redonda aqui e agora, percebi suas propriedades. Em virtude de ter conhecido a identidade das propriedades, sua força e normatividade, o entendimento me forneceu um saber que vai além de todo fenômeno sensível.

Para além disso, agora, temos então não apenas esse saber, mas também um saber desse saber. Mas essa ideia não é assim tão difícil de ser compreendida. Entre o simples saber de minha fome e o saber desse saber de minha fome há uma elevação significativa do conhecimento: uma dieta restritiva só faz sentido, então, quando não se refere à fome, mas ao saber da fome. Com esse saber, a pessoa poderá jejuar, mas o animal estará passando fome, porque não sabe do saber de sua fome.

*

Até aqui, Hegel apenas definiu a consciência-de-si, e quiçá como verdade da certeza de si mesmo.

Mas o saber não deve ficar preso no saber, tem de reportar-se também à vida. Aqui entram em cena as famosas palavras de Hegel a respeito do desejo (*Begierde*). Para o leitor que está acompanhando a leitura do *Fenomenologia do espírito* no original, aqui, o conceito de desejo aparece nessa passagem de forma abrupta e sem qualquer preparação. Mas, visto que não queremos apressar-nos a passar ao largo dessa passagem central, precisamos preparar um pouco o terreno para compreendê-la.

Quando a consciência tiver feito experiências com os objetos, também irá fazer experiências com a consciência-de-si, e quiçá consigo mesma, a fim de saber o que ela é. Para alcançar esse objetivo, deve expressar a si mesma, tem de objetificar-se.

Quem *quiser* ter um comportamento prático, precisa *querer* isso. Assim, a base de todo comportamento prático é o querer, o desejar etc. Hegel chama o querer de "desejo".

Nesse momento, queremos nos aproximar um pouco mais dessa palavra que soa ainda um tanto estranha.

- No reino animal, o desejo dirige-se ao que se precisa e é buscado em função da sobrevivência: no consumir o ser-outro do consumido é suprassumido.

- No ser humano, não é muito diferente, mas não apenas no que respeita à comida: não é suficiente para a vida que eu exista somaticamente. Eu dependo de uma realidade alheia, preciso de coisas externas, razão pela qual não posso permanecer sendo apenas eu. Assim, tenho de negar o outro para poder usá-lo para mim. Por exemplo: o ser do óleo ou da madeira precisa ser aniquilado para gerar calor para mim.

- Mas o desejo também está às voltas com o saber. Todo mundo conhece a gana de saber das crianças, que com suas perguntas (por quê?), vão trazendo dor de cabeça para os pais. Por trás disso, há uma sanha de saber, que um pedagogo hábil talvez possa usar no processo de aprendizagem.

Resumo: O desejo é o lado prático da consciência-de-si.

Hegel não nos facilita as coisas, uma vez que o que segue é precisamente o difícil e indispensável pensamento da duplicação da consciência-de-si, que culmina na seguinte frase:

> A consciência-de-si só fica satisfeita numa outra consciência-de-si (144 = 139).

De antemão, essa frase de Hegel se mostra incompreensível. Mas, já de antemão, para evitar tomar o caminho numa direção errônea, será preciso adiantar logo que, com consciência-de-si, aqui, não se tem em mente um encontro entre duas pessoas!

Aqui, precisamos de um pequeno empurrão. Assim como a consciência fez experiências com as coisas, agora também a consciência-de-si tem de fazer experiências: consigo mesma. Isso lá é correto, mas não é tudo. Ela deve ser prática e referir-se à vida. Mas a vida, que não se restringe apenas ao ser humano, não é apenas algo singular, mas também algo universal. O arbusto não é apenas um mato singular, mas também parte universal de uma espécie de arbusto (arbusto de sebe, arbusto de hera...). O arbusto não apenas tem vida, ele se mantém vivo na medida em que cria intercâmbio com seu ambiente: umidade, terra, chuva... O próprio arbusto é vida.

Agora podemos dar uma olhada no contexto em que está inserida a citação anterior:

> Mas quando o objeto é em si mesmo negação, e nisso é ao mesmo tempo independente, ele é consciência. Na vida, que é o objeto do desejo, a *negação* ou está *em um Outro*, a saber, no desejo, ou está como *determinidade* em contraste com uma outra figura independente; ou então como sua *natureza inorgânica universal*. Mas uma tal natureza universal independente, na qual a negação está como negação absoluta, é o gênero como tal, ou como *consciência-de-si*. *A consciência-de-si só alcança sua satisfação em uma outra consciência-de-si* (144 = 139).

Vamos desdobrar agora essa passagem em suas partes constitutivas.

a) A negação do arbusto "em um outro" pode acontecer através de minha consciência-de-si; eu nego-o para empregá-lo para-mim de algum modo.

b) "Ou como *determinidade* em contraste com uma outra figura independente": o arbusto é negado pelo fato de que não é uma árvore ou uma roseira.

c) "Ou como minha *natureza universal inorgânica*": o arbusto é negado, subsumido no processo da vida e da natureza.

Hegel atribui a essa natureza uma consciência-de-si, visto que o gênero desse ou daquele possui um para-si: o vivente não "é" simplesmente, ele precisa tomar posse de si mesmo em sua delimitação ou negação frente a outro gênero.

A esse processo, ao ser-para-si da natureza, Hegel atribui logo a qualidade de uma consciência-de-si específica. Mas esse processo não tem uma verdadeira autonomia, visto que não tem ciência de si mesmo e se perdeu na objetualidade do mundo.

A essa consciência-de-si contrapõe-se minha consciência-de-si, que tem ciência de si e pode conceber a outra consciência-de-si. Desse modo, Hegel concebe duas consciências-de-si, mas nem por isso queremos dar razão aos intérpretes que afirmam que Hegel teria "conjurado" essa segunda consciência-de-si através de encantamentos. Veremos assim que no próximo capítulo segue-se um grande projeto que tem como tema essas duas consciências-de-si.

Até o presente, porém, fica difícil de refutar a impressão de que se trata, aqui, de duas consciências-de-si. Isso se deve à linguagem de Hegel, que (no capítulo seguinte isso irá ficar ainda mais drástico) aos poucos, deixa de lado sua abstração e começa a apresentar seu pensamento em inúmeras imagens. Todavia são imagens que tendem a ganhar autonomia, encobrindo ali o que é o mais próprio.

Se recordarmos do começo de nosso capítulo, de que a consciência-de-si é o saber de nosso saber, logo ficará claro que a "outra consciência-de-si" não é algo que se separa de si mesma, mas acontece no imo de si mesma. Hegel chama a isso a "duplicação interior" da consciência-de-si.

Ela tem em si duas formas, duas configurações, que estão mutuamente referidas:

- aquele que tem ciência de si como si mesmo, que quer conservar seu eu numa identidade absoluta;

- e aquele que só sabe de si mesmo porque supostamente existe outro, diverso de si: objetos, natureza etc.

A conclusão que tiramos de tudo isso pode soar ao leitor como uma ousadia inconsequente, a saber, *a consciência-de-si duplica-se na distinção de si mesma!*

Nós aceitamos essa afirmação de Hegel sem retrucar e esperamos para que o próximo capítulo possa nos trazer uma solução explicativa.

Enquanto nós fazemos uma pausa para descanso, Hegel está se deliciando. A consciência-de-si, delira ele, adentrou no reino do espírito:

> A consciência tem primeiro na consciência-de-si, como no conceito do espírito, seu ponto de inflexão, a partir do qual se afasta da aparência colorida do aquém sensível, e da noite vazia do além suprassensível, para entrar no dia espiritual da presença (145 = 140).

Resumo

O saber eleva-se acima do saber objetual para um saber de seu próprio saber, torna-se consciência-de-si. Essa quer fazer experiências consigo mesma. Desse modo direciona seu instrumental, o desejo, a um outro. Nisso, ela descobre que o suposto outro, o aspecto prático da consciência-de-si, é na verdade uma segunda configuração dentro da própria consciência-de-si.

Um jogo de máscaras como obra-prima ou dominação e escravidão

Chegamos ao ponto que é considerado o "centro secreto" da *Fenomenologia do espírito*. Por uns elogiado como a obra-prima de Hegel, por outros ridicularizado como um jogo de máscaras enfeitado, na interpretação comunista de Hegel, descoberto como espelho da luta mortal da sociedade burguesa, o capítulo sobre dominação e escravidão, é na verdade um convite para uma ampla plêiade de interpretações diversificadas.

Mas deixamos para outros aventureiros a descoberta, ali, de uma nova visão revolucionária. É suficiente para nós simplesmente compreendermos este capítulo. Basta esse desafio, e vale a pena enfrentá-lo.

O capítulo começa com um resumo. O que nós já sabemos, é repetido por Hegel com suas próprias palavras. Depois vem algo um tanto mais complexo:

> De início, a consciência-de-si é ser-para-si simples, igual a si mesma mediante o excluir de si *todo o outro*. Para ela, sua essência e objeto absoluto é o *Eu*; e nessa *imediatez* ou nesse *ser* de seu ser-para-si é [um] *singular*. O que é Outro para ela, está como objeto inessencial, marcado com o sinal do negativo. Mas o Outro é também uma consciência-de-si; um indivíduo se confronta com outro indivíduo. Surgindo assim, *imediatamente*, os indivíduos são um para outro, à maneira de objetos comuns, figuras *independentes*, consciências imersas no *ser* da *vida* – pois o objeto essente aqui se determinou

> como vida. São consciências que ainda não levaram a cabo, uma *para a outra*, o movimento da abstração absoluta, que consiste em extirpar todo ser imediato, para ser apenas o puro ser negativo da consciência igual a si mesma. Quer dizer: essas consciências ainda não se apresentaram, uma para a outra, como puro *ser-para-si*, ou seja, como consciências-*de-si*. Sem dúvida, cada uma está certa de si mesma, mas não da outra; e assim sua própria certeza de si não tem verdade nenhuma, pois sua verdade só seria se seu próprio ser-para-si lhe fosse apresentado como objeto independente ou, o que é o mesmo, o objeto [fosse apresentado] como essa pura certeza de si mesmo. Mas, de acordo com o conceito do reconhecimento, isso não é possível a não ser que cada um leve a cabo essa pura abstração do ser-para-si: ele para o outro, o outro para ele; cada um em si mesmo, mediante seu próprio agir, e de novo, mediante o agir do outro (147s. = 143s.).

Aqui são introduzidas "figuras independentes"; os indivíduos aparecem no "modo de objetos comuns": é um pouco desconcertante, e mesmo uma exegese terminológica não iria ajudar muito. Por isso, como na mesa de dissecação, vamos desmembrar esse capítulo extremamente importante em temas singulares.

Os adversários

Hegel convoca para a luta. E uma luta de vida ou morte, e fala-se de vitória, submissão e conservação. Só que: quem luta contra quem?

A questão talvez não seja tão fácil de responder como parece. À primeira vista, parece que seria o confronto de duas pessoas, cujas consciências-de-si dos dois lutassem por reconhecimento mútuo. As palavras presentes no texto acima "um indivíduo se confronta com outro indivíduo [...]" parecem confirmar essa interpretação, e Charles Taylor, por exemplo, não tem qualquer dificuldade de adotar precisamente essa interpretação em seu livro sobre Hegel. Todavia, surgem suspeitas, visto que a consciência-de-si em sua nova configuração só se confronta com a sociedade e outros seres humanos no capítulo do "espírito".

Mas em nosso capítulo, não está em questão o encontro entre seres humanos dentro da sociedade, mas da duplicação da consciência-de-si dentro do próprio ser humano.

Todavia, temos de admitir que a imagem forte do senhor e escravo nos seduz a uma visão sociopolítica do trabalho. Eu próprio estou convencido de que, em alguma medida, Hegel se deixou arrastar pela forte vida própria de sua parábola.

A parábola da dominação e da escravidão se coloca de forma tão intensa no primeiro plano que encobre precisamente aquilo que queria propriamente demonstrar.

Tendo em vista essa precaução, retornamos ao próprio, que corre o risco de ser encoberto: a duplicação da consciência-de-si.

Muito embora devamos apresentar, mais adiante, outros dois exemplos, ainda queremos aqui tornar mais plausível a compreensão das duas contrapartes, que estão em tensão mútua, para evitar alguma possível incompreensão vindoura da parte do leitor. Seria uma pena se o leitor não conseguisse compreender essa tensão.

Que haja tensões frente à unidade do ser humano isso é algo evidente. A tensão mais conhecida é aquela entre a carne, que é fraca, e o espírito, que supostamente detém livre-arbítrio, ou a tensão entre sentimento e entendimento. Mas essas quase sequer são referidas. Com seu "duas almas moram em mim, ah!, em meu peito",

Goethe chegou um pouco mais perto da questão. Apresentamos ainda uma outra interpretação que provisoriamente nos parece ser a que mais se aproxima desse problema: o estado da paz interior, da serenidade e do equilíbrio que se contrapõe ao estado da inquietação causticante e do desequilíbrio. Também a caracterização como tensão entre introversão e extroversão (dentro da mesma pessoa) não passa de uma muleta para lançar uma boia de salvamento sobre o pensamento da duplicação da consciência-de-si.

Já acentuamos que aqui estão em jogo duas formas, duas configurações: a que é consciência-de-si como identidade absoluta, e a que deve ser apreendida como contraposição. Na distinção de si mesma, a consciência-de-si duplicou-se. Podemos expressar isso de forma ainda mais precisa, mesmo que um tanto mais difícil de compreender: *A duplicação da consciência-de-si surge do fato de que o eu concebeu a si mesmo como o contraposto à contraposição.*

Isso significa que o eu que entrou em contraposição com seu outro eu em sua ligação com os objetos retorna sobre si mesmo, na medida em que se compreende como unidade com essa contraposição!

Mas, para Hegel, tudo que é, no fundo é consciência-de-si, visto ser parte de minha consciência-de-si: o objeto não é apenas uma pedra maciça, ele é toda a natureza, a partir da qual a vitalidade, em sua infinitude, luta para se elevar num processo dialético. Nesse sentido, também essa consciência-de-si entra em luta dentro de mim.

Desse modo, as duas contrapartes da luta são essas duas configurações da consciência-de-si:

- Aquilo que tem ciência de si mesmo: cujo desejo constitui a vontade vigorosa de afirmar a si mesmo. Busca com todas as forças impedir sua negação no outro.
- Isso que se perde no mundo objetual. Isso cujo desejo quer aderir ao mundo com todas as suas forças, e assim impedir a negação que o ameaça através da configuração alheia.

O resultado é visível: nenhuma das duas configurações pode existir sem a outra.

Essas eram as duas contrapartes na referida luta de vida ou morte. Por causa de sua importância, voltaremos a descrevê-los mais uma vez, abaixo, no capítulo "Senhor e escravo".

O reconhecimento

Também esse item deverá prestar-nos uma contribuição para que fique mais clara a duplicação da consciência-de-si, a partir de um novo aspecto, e novamente com a ressalva de que as comparações jamais nos dão uma visão totalmente precisa.

Para sua consciência-de-si, toda e qualquer pessoa precisa de unidade. Ela está sempre de novo buscando unidade, uma vez que quer viver em sintonia consigo mesma. Mas ela está sempre decaindo dessa unidade.

Esse problema pode ser ilustrado fazendo uma aproximação com o tema de "Narciso e Goldmund", de Hermann Hesse. O Monge Narciso encontrou seu projeto de vida, sua unidade consigo mesmo em seu mundo espiritual autorreferido. Quando ele se encontra com o homem aproveitador Goldmund, essa sua autorreferência começa a vacilar. Através da amizade com Goldmund, ele se transforma num outro homem.

O mesmo acontece com Goldmund: sua consciência-de-si está presa nas relações sensoriais tangíveis desse mundo, ela sai de si e se abandona ao outro. Mas sua amizade com Narciso, ao contrário, faz com que esse se perca desenfreadamente e comece a vacilar.

Mesmo sem conhecer o livro de Hesse, o leitor poderá ter uma vívida imagem das lutas que podem acontecer nesse conflito de duas consciências-de-si, e que essa luta pode se tornar uma luta de vida ou morte.

Se, no final das contas, Narciso acaba vendo a si mesmo espelhado em Goldmund e este, ao contrário, em seu amigo Narciso, então acontece o que Hegel está exigindo aqui: "Eles se conhecem mutuamente como reconhecendo-se" (147 = 143).

Mas para isso não são inapelavelmente necessários dois indivíduos como no romance de Hesse, basta uma única pessoa: a luta entre duas formas de autorrealização, como são espelhadas em Narciso e Goldmund, desenrolam-se por si mesmas no peito de uma só pessoa.

> Vemos repetir-se, nesse movimento, o processo que se apresentava como jogo de forças; mas [agora] na consciência. O que naquele [jogo de forças] era para nós, aqui é para os extremos mesmos. O meio-termo é a consciência-de-si que se decompõe nos extremos; e cada extremo é essa troca de sua determinidade, e passagem absoluta para o oposto. Como, porém, é consciência, cada extremo vem mesmo para *fora de si*; todavia ao mesmo tempo, em seu ser-fora-de-si, é retido em si; é *para-si*; e seu ser-fora-de-si é *para ele*. É para ele que imediatamente *é* e *não é* outra consciência; e também que esse Outro só é para si quando se suprassume como para-si-essente; e só é para si no ser-para-si do Outro (147 = 142s.).

Para quem encontra dificuldades de compreender esse trecho, Hegel mesmo vem em auxílio nas explanações que se seguem no texto.

> Cada extremo é para o Outro o meio-termo, mediante o qual é consigo mesmo mediatizado e concluído; cada um é para si e para o Outro, essência imediata para si essente; que ao mesmo tempo só é para si através dessa mediação. Eles *se reconhecem como reconhecendo-se reciprocamente*.

A consciência-de-si tem ciência de si no outro e vice-versa. Ambas têm ciência de seu reconhecimento. Que isso não é algo que cai pronto do céu, deveria ser bem evidente. Ao contrário, o processo de alcançar reconhecimento mútuo está ligado com dificuldades extremadas.

A luta de vida ou morte

A vitalidade própria da comparação acaba produzindo títulos bombásticos como esse. Um intérprete de Hegel irá pensar que esse título hegeliano não poderá ser tomado assim tão seriamente. Ou será que o tema do reconhecimento mútuo é realmente algo de dramático?

Isso é algo que o próprio leitor precisa decidir.

> Portanto, a relação das duas consciências-de-si é determinada de tal modo que elas se *provam* através de uma luta de vida ou morte. Devem travar essa luta, porque precisam elevar à verdade, no Outro e nelas mesmas, sua certeza de *ser-para-si*. Só mediante o pôr a vida em risco, a liberdade [se conquista]; e se prova que a essência da consciência de-si não é o *ser*, nem o modo *imediato* como ela surge, nem o seu submergir-se na expansão

da vida; mas que nada há na consciência-de-si que não seja para ela momento evanescente; que ela é somente puro *ser-para-si*. O indivíduo que não arriscou a vida pode bem ser reconhecido como *pessoa*; mas não alcançou a verdade desse reconhecimento como uma consciência-de-si independente. Assim como arrisca sua vida, cada um deve igualmente tender à morte do outro; pois para ele o Outro não vale mais que ele próprio. Sua essência se lhe apresenta como um Outro, está fora dele; deve suprassumir seu ser-fora-de-si. O Outro é uma consciência essente e de muitos modos enredada; a consciência-de-si deve intuir seu ser-Outro como puro ser para-si, ou como negação absoluta (148s. = 144).

Um reconhecimento para o conceito da "negação absoluta" na última frase, visto que ainda lançamos mão dele para o próximo texto: Para Hegel, uma negação absoluta é uma negação dupla. A primeira negação é aquela que a consciência-de-si já experimentou através de seu ser-fora-de-si; mas para retornar ao seu ser-para-si, a negação tem de ser novamente negada ou suprassumida: por isso, é negação dupla ou negação absoluta.

É claro que há intérpretes que apresentam a opinião de que Hegel estaria realmente descrevendo o perigo da luta armada, quando pessoas procuram e procuraram reconhecimento unilateral, como inimigos, sobretudo em estágios rudes, subdesenvolvidos da história da humanidade.

Ali, é correta a visão de que as pessoas sempre teriam buscado por reconhecimento unilateral, sem se dar conta de que desprovidos de reciprocidade a coisa não vai.

Mas, mesmo sem precisarmos remontar à pré-história, podemos ver as intenções de Hegel envolvidas numa outra problemática: Há muitas pessoas que sucumbem ao perigo de querer alcançar sua consciência-de-si sem precisarem envolver-se com outras pessoas, o que pode levar a prejuízos sociais desastrosos. Por outro lado, também é um risco, porém, quando as pessoas buscam nutrir sua consciência-de-si apenas a partir de fontes estranhas. Ali, seu eu simplesmente começa a se dilacerar, porque assim jamais estão em condições de retornar a si mesmas, o que pode levar a prejuízos danosos para o si-mesmo.

Nesse sentido, não se pode tirar o caráter dramático e atual das palavras de Hegel.

Vae victis ou ai dos vencedores?

Agora precisamos abordar as consequências para o caso em que o mútuo reconhecimento das duas configurações da consciência-de-si não aconteça. O que acontece se realmente a luta acaba com a morte do outro?

Hegel descreve as consequências com cores pesadas, que, porém, ameaçam desaparecer por trás da complexidade dos raciocínios.

> Entretanto, essa comprovação por meio da morte suprassume justamente a verdade que dela deveria resultar, e com isso também [suprassume] a certeza de si mesmo em geral. Com efeito, como a vida é a posição *natural* da consciência, a independência sem a absoluta negatividade, assim a morte é a negação *natural* desta mesma consciência, a negação sem a independência, que assim fica privada da significação pretendida do reconhecimento. Mediante a morte, sem dúvida, veio-a-ser a certeza de que ambos arriscavam sua vida e a desprezavam cada um em si e no Outro; mas essa [certeza] não é para os que travam essa luta. Suprassumem sua consciência posta nesta essencialidade alheia, que é o ser aí natural, ou [seja], suprassumem a si mesmos, e

> vêm-a-ser suprassumidos como os *extremos* que querem ser para si. Desvanece, porém, com isso igualmente o momento essencial nesse jogo de trocas: o momento de se decompor em extremos de determinidades opostas; e o meio-termo coincide com uma unidade morta, que se decompõe em extremos mortos, não opostos, e apenas essentes. Os dois extremos não se dão nem se recebem de volta, um ao outro reciprocamente, através da consciência; mas deixam um ao outro indiferentemente livres, como coisas. Sua operação é a negação abstrata, não a negação da consciência, que *suprassume* de tal modo que *guarda* e *mantém* o suprassumido e com isso sobrevive a seu vir-a-ser-suprassumido (149s. = 145).

A morte: Isso é a negação pura e simples, o fim da consciência sem qualquer chance de negação dupla, absoluta. A morte, isso é o deter-se da consciência-de-si no nível do desejo animal, onde o outro é consumido, aniquilado. A morte é também o que se dá quando o sobrevivente é deixado só em sua autonomia ("a vida [como] a posição *natural* da consciência, autonomia sem a negatividade absoluta").

"Aqueles que atravessam a luta", através de sua vitória suprassumem sua consciência, que deveria propriamente encontrar-se no ser-além-de-si, visto que seu ser-além-de-si foi aniquilado.

Com a vitória, desaparece a possibilidade de encontrar-se-no--outro, "e o meio rui numa unidade morta [...]". Essa "negação abstrata" impede o suprassumir, guardar e manter as contrapartes e condena o vencedor (a identidade absoluta da consciência-de-si) à morte igualitária.

Senhor e escravo

Hegel lança mão de uma parábola, à qual Bertold Brecht dedicou um monumento literário em sua peça teatral "Senhor Puntila e seu criado Matti". Na parábola, Hegel figura as duas figuras da consciência-de-si como pessoas autônomas que sustentam a disputa. À questão de saber se Hegel estaria impondo duas máscaras à consciência-de-si ou se estaria descrevendo realmente duas pessoas, que se confrontariam com suas próprias consciências-de-si, o autor se decide em favor da primeira alternativa, mesmo que a interpretação hegeliana do historiador francês A. Kojève afirme o contrário. Mas a parábola do senhor e do escravo traz uma imagem tão forte que, sem querer, faz com que se desvie naturalmente o olhar para o âmbito social do ser humano. Fica difícil evitar a força autônoma provinda dessa comparação e acaba-se caindo rapidamente em seu encanto.

Acima (as contrapartes), já fizemos a tentativa de delimitar através de formulações aquilo que compreende Hegel sob as duas configurações da consciência-de-si em luta. Agora, vamos ampliar essas reflexões, e através de algumas explanações mais amplas, oferecer ao leitor a chance de penetrar mais profundamente no tema deste capítulo.

O senhor...

...na consciência-de-si é o momento que tem ciência de si mesmo como si-mesmo eterno, como identidade pura. Não quer se deixar determinar por coisa alguma, por nenhum objeto da vida. Através dessa indeterminação infinita, enquanto igualdade absoluta consigo mesmo, tem a pretensão à infinitude.

Ele busca restringir-se ao seu puro ser-para-si, e quiçá numa independência (*Selbständigkeit*) pura. Não consegue compreender, porém, que com essa ele nada alcançou, uma vez que assim não pode se realizar. Bloqueia a realização, necessária para a autoconservação, que não gostaria de se ver asfixiada num eu = eu morto. Por isso entra em luta contra o outro lado de sua consciência-de-si.

O escravo...

...na consciência-de-si, é o momento em que surge como si-mesmo finito. É uma espécie de consciência-de-si "humana", fascinada por e cativa dos objetos, as coisas deste mundo, o ser-outro na direção da autoigualdade absoluta.

Ele sabe dessas coisas, prefere a existência natural, mas ainda não tem ciência de si mesmo. É uma consciência atuante, que é determinada pela "objetualidade" que está em seu entorno. Mas, por causa dessa determinação, limitação e finitude das coisas tem medo da morte, pois tudo que é determinado também é ameaçado pelo fim. Uma vez que o essencial é para ele o ser-coisa, que é finito.

Agora é o momento em que os dois personagens principais do drama entram em cena. Hegel os apresenta de forma breve:

> É [...] uma pura consciência-de-si, e uma consciência que não é puramente para si, mas para um outro, isto é, como consciência *essente*, ou consciência na figura da *coisidade*. São essenciais ambos os momentos; porém como, de início, são desiguais e opostos, e ainda não resultou sua reflexão na unidade, assim os dois momentos são como duas figuras opostas da consciência: uma, a consciência independente para a qual o ser-para-si é a essência; outra, a consciência dependente para a qual a essência é a vida, ou o ser

para um Outro. Uma é o *senhor*, outra é o *escravo* (150 = 145s.).

Senhor e escravo são, portanto, dois atores principais, um a consciência-de-si pura, o outro a consciência que é "para um outro [...] na figura da coisidade".

A palavrinha "de início" não pode ser passada por alto: "Visto que de início são desiguais e opostos". Já indica, por ora que o que de início é desigualdade poderia, mais tarde, caminhar para a igualdade.

O começo do texto que se segue oferece uma recapitulação.

O senhor é a consciência *para si* essente, mas já não é apenas o conceito dessa consciência, senão uma consciência para si essente que é mediatizada consigo por meio de uma *outra* consciência, a saber, por meio de uma consciência a cuja essência pertence ser sintetizada com um *ser* independente, ou com a coisidade em geral. O senhor se relaciona com estes dois momentos: com uma *coisa* como tal, o objeto do desejo, e com a consciência para a qual a coisidade é o essencial [...].
O senhor se relaciona mediatamente *com o escravo por meio do ser independente*, pois justamente ali o escravo está retido; essa é sua cadeia, da qual não podia abstrair-se na luta, e por isso se mostrou dependente, por ter sua independência na coisidade. O senhor, porém, é a potência sobre esse ser, pois mostrou na luta que tal ser só vale para ele como um negativo. O senhor é a potência que está por cima desse ser; ora, esse ser é a potência que está sobre o Outro; logo, o senhor tem esse Outro por baixo de si: é este o silogismo [da dominação]. O senhor também se relaciona *mediatamente por meio do escravo com a coisa*; o escravo, enquanto consciência-de-si em geral, se relaciona também negativamente com a coisa, e a suprassume. Porém, ao mesmo

96

> tempo, a coisa é independente para ele, que não pode portanto, através do seu negar, acabar com ela até a aniquilação; ou seja, o escravo somente a *trabalha*. Ao contrário, para o senhor, através dessa mediação, a relação *imediata vem-a-ser* como a pura negação da coisa, ou como *gozo* – o qual lhe consegue o que o desejo não conseguia: acabar com a coisa, e aquietar-se no gozo. O desejo não o conseguia por causa da independência da coisa; mas o senhor introduziu o escravo entre ele e a coisa, e assim se conclui somente com a dependência da coisa, e puramente a goza; enquanto o lado da independência deixa-o ao escravo, que a trabalha.
> Nesses dois momentos vem-a-ser para o senhor o seu Ser-reconhecido mediante uma outra consciência [a do escravo] (150s. = 146s.).

O senhor deve seu reconhecimento a duas relações:

• Sua relação para com o escravo: ele se relaciona com a dependência do escravo, que na luta representa para o escravo algo como uma corrente. Ele que antes era escravo dependente, estava agrilhoado a essa corrente, o senhor não. Por isso que esse decidiu a luta de antemão em favor de si, porque, enquanto senhor independente, detinha de antemão "o poder sobre o ser".

• Sua relação com a coisa, com o mundo dos objetos: essa relação é produzida indiretamente através do escravo. É bem verdade que ele, o escravo, também tem uma força de negação em sua relação para com a coisa, porém essa força é tal que ele não aniquila a coisa (ele precisa dela!), mas a suprassume e conserva: *ele a trabalha para o senhor*!

O desejo da consciência-de-si pura, do senhor não conseguiu negar o outro a partir de si. *Mas pela intermediação através do escravo ele conseguiu: a independência de uma coisa vem a ser através do trabalho de um dependente, que é ofertado ao senhor para seu gozo.*

A inversão: escravo e senhor

Até aqui a relação entre senhor e escravo era uma relação "unilateral e um reconhecimento desigual". Mas esse reconhecimento unilateral inicial tem seu preço: Se a consciência supostamente independente aceita o reconhecimento na forma de trabalho estranho e gozo próprio, modifica "a verdade da certeza de si mesma" (152 = 147).

Aos poucos, quanto mais ele se serve do escravo, à verdade do senhor vai pertencendo cada vez mais aquilo que antes lhe parecia inessencial. O senhor perde sua independência, enquanto que essa se bandeia inapelavelmente para a consciência do escravo.

> A *verdade* da consciência independente é por conseguinte a *consciência escrava*. Sem dúvida, esta aparece de início *fora* de si, e não como a verdade da consciência-de-si. Mas, como a dominação mostrava ser em sua essência o inverso do que pretendia ser, assim também a escravidão, ao realizar-se cabalmente, vai tornar-se, de fato, o contrário do que é imediatamente; entrará em si como consciência *recalcada* sobre si mesma e se converterá em verdadeira independência.

Sopesando bem as palavras, Hegel prepara a inflexão:

> Vimos somente o que a escravidão é no comportamento da dominação. Mas a consciência escrava é consciência-de-si, e importa considerar agora o que é em si e para si mesma. Primeiro, para a consciência escrava, o

> senhor é a essência; portanto, a *consciência independente para si essente* é para ela a *verdade*; contudo *para ela* [a verdade] ainda não está *nela*, muito embora tenha *de fato nela mesma* essa verdade da pura negatividade *e do ser-para-si*; pois *experimentou* nela essa essência. Essa consciência sentiu a angústia, não por isto ou aquilo, não por este ou aquele instante, mas sim através de sua essência toda, pois sentiu o medo da morte, do senhor absoluto. Aí se dissolveu interiormente; em si mesma tremeu em sua totalidade; e tudo que havia de fixo, nela vacilou. Entretanto, esse movimento universal puro, o fluidificar-se absoluto de todo o subsistir, é a essência simples da consciência-de-si, a negatividade absoluta, *o puro ser-para-si*, que assim é *n*essa consciência. E também para ela esse momento do puro ser-*para*-si, pois é seu *objeto* no senhor. Aliás, aquela consciência não é só essa universal dissolução *em geral*, mas ela se implementa *efetivamente* no servir. Servindo, suprassume em todos os momentos *singulares* sua aderência ao ser-aí natural; e, trabalhando-o, o elimina (152s. = 147s.).

Para o escravo, a verdade era o senhor, "a consciência independente para si essente". A outra verdade para a consciência escrava era o medo, não por isso ou por aquilo, tampouco frente ao senhor, mas diante da morte, à qual Hegel chama de "senhor absoluto", diante da qual se abalou e tremeu. Sobre a morte recordamos: é a negação pura, a extinção sem suprassunção. Mas o objetivo é a "negatividade absoluta", a negação da negação: a suprassunção da negação.

Acontece então a guinada da relação-senhor-escravo, ali a negação é ser si-mesmo negado. É preciso prestar bem atenção para, na leitura, não deixar passar a inflexão: "Esse momento do puro ser-para-si [do senhor] é também *para ele*. Por sua relação com o escravo, do ser-para-si do senhor acaba transformando num ser-para-o-escravo, de modo que também esse pode reivindicar um ser-para-si.

Assim a dependência (Hegel: aderência) das coisas pelo servo é "eliminada pelo trabalho", ou seja, através do trabalho o escravo alcança sua independência. O senhor torna-se dependente do escravo e esse torna-se dependente do senhor.

A dependência dependente transforma-se numa independência dependente.

O curso do raciocínio de Hegel alcança a seguir uma elevação virulenta. Partindo da definição de trabalho como desejo recalcado, ele conduz para a ideia fecunda de que o trabalho instrui e forma: não só o objeto, mas, pelo trabalho, também o homem trabalhador.

Quem lê o seguinte texto torna-se consciente de sua pregnância histórica. São as mesmas palavras que irá ler mais tarde um jovem estudante chamado Karl Marx. É dessas palavras que ele irá deduzir mais tarde o conceito de trabalho. Essas palavras de Hegel são a semente usada por Marx para sua proposta realmente revolucionária, segundo a qual, se o trabalho forma o homem, as condições de trabalho desumanas da sociedade industrial moderna acabam deformando-o. Posteriormente, Marx irá constatar que, *por meio de seu trabalho, o trabalhador produz sua própria alienação!*

Em Hegel, isso tem um tom positivo: "através do trabalho ela [a consciência] vem a si mesma", e quiçá através da liberdade do senhor. Em virtude de seus interesses sociais, Karl Marx converte essa menção para o aspecto negativo: em virtude das condições desumanas de trabalho, o trabalhador jamais chega a si mesmo – acusando os detentores do capital numa crítica social inflamada.

> Ela [a consciência] encontra a si mesma por meio do trabalho. No momento que corresponde ao desejo na consciência do senhor, parecia caber à consciência escrava o lado da relação inessencial para com a coisa, porquanto ali a coisa mantém sua independência. O desejo se reservou o puro negar do objeto e por isso o sentimento-de-si-mesmo, sem mescla. Mas essa satisfação é pelo mesmo motivo, apenas um evanescente, já que lhe falta o *lado objetivo* ou o *subsistir*. O trabalho, ao contrário, é desejo refreado, um desvanecer contido, ou seja, o trabalho forma. A relação negativa para com o objeto torna-se a *forma* do mesmo e algo *permanente*, porque justamente o objeto tem independência para o trabalhador. Esse meio-termo *negativo* ou *agir* formativo é, ao mesmo tempo, *a singularidade*, ou o puro ser-para-si da consciência, que agora no trabalho se transfere para fora de si no elemento do permanecer; a consciência trabalhadora, portanto, chega assim à intuição do ser independente, *como* [intuição] *de si mesma*. No entanto, o formar não tem só este significado positivo, segundo o qual a consciência escrava se torna para si um *essente* como puro *ser-para-si*. Tem também um significado negativo frente a seu primeiro momento, o medo. Com efeito: no formar da coisa, toma-se objeto para o escravo sua própria negatividade, seu ser-para-si, somente porque ele suprassume a *forma* essente oposta. Mas esse *negativo* objetivo é justamente a essência alheia ante a qual ele tinha tremido. Agora, porém, o escravo destrói esse negativo alheio, e *se* põe, como tal negativo, no elemento do permanecer: e assim se torna, *para si mesmo*, um *para-si-essente*. No senhor, o ser-para-si é para o escravo um *Outro*, ou seja, é somente *para ele*. No medo, o ser-para-si está *nele mesmo*. No formar, o ser-para-si se torna para ele como o *seu próprio*, e

> assim chega à consciência de ser ele mesmo em si e para si. A forma não se torna um outro que a consciência pelo fato de se ter *exteriorizado*, pois justamente essa forma é seu puro ser-para-si, que nessa exteriorização vem-a--ser sua verdade. Assim, precisamente no trabalho, onde parecia ser apenas um *sentido alheio*, a consciência, mediante esse reencontrar-se de si por si mesma, vem--a-ser *sentido próprio*. Para que haja tal reflexão são necessários os dois momentos; o momento do medo e do serviço em geral, e também o momento do formar; e ambos ao mesmo tempo de uma maneira universal (153s. = 148s.).

Por meio do trabalho, a consciência escrava vai para fora de si e, enquanto consciência trabalhadora, anula a dependência, ganha independência. A forma, o produto do desejo recalcado, cria para a consciência sentido próprio, não mais sentido alheio, uma vez que se reencontra no trabalho. Através do encontrar-se em outro, a consciência então escrava chegou a si mesma e é assim, por seu turno, consciência-de-si.

Medo da morte e trabalho

Nas repercussões tardias da filosofia de Hegel tratou-se então de diversas formas do pensamento do trabalho, que tem forte expressão, que instrui e forma; o primeiro pensamento quase não foi abordado, a saber, a ideia já mencionada do medo, tanto o medo do senhor quanto o medo da morte. Mas não seria muito honesto ficar procurando em Hegel apenas coisas interessantes, coisa que vamos encontrar em Marx.

Hegel aventa as duas possibilidades, a ver se um aspecto pode ser sem o outro.

• *Medo da morte*: Ele surge do perigo de ser negado. Mas uma "negação simples", isto é, sem qualquer chance de poder negá-lo mais uma vez, isso seria o fim. Se permanecesse preso nesse medo, o homem não poderia formar-se no trabalho e não teria qualquer consequência para a consciência: "o medo permaneceria internalizado e mudo". O trabalho permaneceria um para-o-senhor e toda possibilidade de um ser-para-si seria sufocada ainda no seu nascedouro.

• Instrução e formação (na disciplina e obediência): Muito embora sendo extremamente importante, ela não passaria de um "sentido próprio vão". Apenas o aspecto do formar não teria qualquer efeito sobre a consciência. Então, o trabalho seria restrito à habilidade, demorando-se assim no âmbito da escravidão. É só em sua ligação com o medo da morte que a consciência será encaminhada rumo ao si mesmo. É só assim que o senhor se reconhecerá no escravo e o escravo no senhor.

> Sem a disciplina do serviço e da obediência, o medo fica no formal, e não se estende sobre toda a efetividade consciente do ser-aí. Sem o formar, permanece o medo como interior e mudo, e a consciência não vem-a-ser para ela mesma. Se a consciência se formar sem esse medo absoluto primordial, então será apenas um sentido próprio vazio; pois sua forma ou negatividade não é a negatividade *em si*, e seu formar, portanto, não lhe pode dar a consciência-de-si como essência. Se não suportou o medo absoluto, mas somente alguma angústia, a essência negativa ficou sendo para ela algo exterior: sua substância não foi integralmente contaminada por ela. Enquanto todos os conteúdos de sua consciência natural não forem abalados, essa consciência pertence ainda, *em si*, ao ser determinado. O *sentido próprio* é obstinação [eigene Sinn = Eigensinn], uma liberdade que ainda permanece no interior da escravidão. Como nesse

103

caso a pura forma não pode tornar-se essência, assim também essa forma, considerada como expansão para além do singular, não pode ser um formar universal, conceito absoluto; mas apenas uma habilidade que domina uma certa coisa, mas não domina a potência universal e a essência objetiva em sua totalidade (154s. = 149s.).

Resumo

Na consciência-de-si estão em luta entre si duas configurações. A luta por mútuo reconhecimento acirra-se como uma luta pela sobrevivência. – Nessa luta nenhum lado pode vencer, pois como senhor e escravo precisam um do outro, também os dois aspectos da consciência precisam um do outro.

Perspectivas sombrias ou a consciência infeliz

O último capítulo sobre domínio e escravidão é considerado como o ponto alto da filosofia de Hegel. E isso tem razão de ser. Desde logo, aqui estaria a base de sua filosofia social, e conceitos como senhor, escravo, trabalho e gozo ainda iriam provocar furor na história universal.

O senhor se reconheceu no escravo, e o escravo no senhor. Desse modo – é isso pelo menos o que se deveria ter em mente – a consciência-de-si teria encontrado o caminho para si-mesma. Mas ainda não estamos diante de um final feliz.

Com o mútuo reconhecimento, é verdade, foi dado um importante passo rumo à unidade da consciência-de-si, mas essa unidade ainda se encontra longe. O próximo passo já se aproxima, quiçá não mais em vista de alcançar reconhecimento mútuo, mas em vista de unidade de ambos na consciência-de-si.

O que poderá nos ajudar nesse processo é pensar que: *A consciência-de-si alcançou um nível bem elevado, na medida em que suas duas partes reconheceram-se; mas tem ainda um outro problema, e talvez consigo mesma: Como pode levar adiante sua unidade?*

Há dois problemas que temos de enfrentar nessa empreitada.

Problema 1

Superou-se a dependência, os objetos do escravo não são mais estranhos, mas, enquanto conceitos, se tornaram um com o feitor.

Isso foi concebido e esse conceber traz liberdade ao pensamento. E essa verdade agora se tornou um problema numa dupla direção.

> No pensar, Eu sou livre; porque não estou em um Outro, mas pura e simplesmente fico em mim mesmo, e o objeto, que para mim é a essência, é meu ser-para-mim, em unidade indivisa; e meu movimento em conceitos é um movimento em mim mesmo (156 = 152).

No pensar, a consciência é livre, livre de todas as situações do mundo e livre das condições de vida pessoais. Hegel provê um rótulo para essa consciência-de-si do pensar. Traz o nome de *estoicismo*, segundo a velha escola filosófica da Stoa (Stoa = grego: saguão, galeria entre as colunas; 300 a.C. até 200 d.C. seus representantes: Zenão de Cítio, Sêneca, Epíteto, Marco Aurélio). A postura estoica é um comportamento humano fundamental, ainda extremamente comum hoje. Tem uma postura estoica um homem que não se deixa inquietar por nada; que consegue suportar as circunstâncias de sua vida de forma serena (a-pático), por mais difíceis que sejam. Ele é uma pessoa livre. Por isso, não faz diferença para ele em ser livre, escravo ou rei.

Mas tudo isso só tem um problema: o estoico nada move. Permanece parado na autossuficiência de si mesmo. É um ser pensante sem braços.

> A liberdade da consciência-de-si é *indiferente* quanto ao ser-aí natural; por isso igualmente o *deixou livre*. [e como ser abstrato]... tem somente o *puro pensamento* por sua verdade; e verdade sem a implementação da vida. Por isso é ainda só o conceito da liberdade, não a própria liberdade viva (158 = 153).

A primeira desvantagem, em vista do que a consciência-de-si não achou o caminho para si mesma é que: é uma liberdade abstrata, não uma liberdade concreta, prenhe de conteúdo, que perfaz um lado da consciência-de-si, é a "negação incompleta do ser-outro" (159 = 154).

A essa altura, incondicionalmente temos de assentar para uma posterior compreensão que: *muito embora o pensar puro somente não consiga realizar a unidade da consciência-de-si, enquanto liberdade abstrata, está livre das coisas transitórias da vida. Participa da imutabilidade, da infinitude!*

Problema 2

O problema da outra parte da consciência-de-si é exatamente o contrário do anterior. Em seus esforços para não permitir que ela permaneça uma liberdade abstrata, mas que se realiza no mundo e assim seja impelida a agir, essa parte se debate como doida com o mutável, finito, casual e individual.

Hegel nomeia também essa parte da consciência-de-si. Hegel taxa-a de *ceticismo*. Os representantes do ceticismo clássico – Pirro († 270 a.C.), Ainesidemos (na virada dos tempos) e Sexto Empírico (200 d.C.) – não são tão conhecidos como os defensores da Stoa. O interesse primordial dos céticos era demonstrar a incognoscibilidade da verdade. Mais tarde, em Descartes (no século XVII), o ceticismo se transforma em ceticismo metodológico. Tudo, todo o saber, é colocado sob o crivo da dúvida radical. Há uma coisa, pelo menos, que Descartes não coloca em dúvida: sua própria dúvida. Mas uma vez que os estoicos sempre ainda pressupõem o saber do não poder saber, é plausível afirmar que um cético coerente contradiga a si mesmo, como afirma Alexandre Kojève. Segundo esse, o cético está destinado a desaparecer, *per definitionem*, por suicídio.

Em Hegel, a dúvida amadureceu para um instrumental a serviço de sua dialética, e quiçá como método da negação. E uma vez que o homem não pode ser satisfeito apenas pelo pensamento, a consciência-de-si deve entrar em ação. Mas uma ação nada mais é que negar um assim-essente: transformar realidade, segundo Kojève, significa a negação do existente.

Com isso, a consciência cética entra em contradição. Ela quer atuar no mundo, mas duvida de tudo. Pela ação, busca produzir o que abalou pelo pensamento. Hegel se dá conta de que, assim, "a existência independente e as determinidades se afastaram da infinitude".

> [...] Agora, no ceticismo vem-a-ser [explícita] *para a consciência* a total inessencialidade e a não autonomia desse Outro. O pensamento toma-se o pensar consumado, que aniquila o ser do mundo *multideterminado*; e nessa multiforme figuração da vida, a negatividade da consciência-de-si livre toma-se a negatividade real (159 = 155).

As consequências são danosas: No emaranhado das acasualidades mutáveis da vida, a consciência não alcança absolutamente nada, entra num torvelinho. Sua parte cética nada mais é que uma negação isolada.

> [...] a consciência mesma é a *absoluta inquietude dialética*, essa mescla de representações sensíveis e pensadas, cujas diferenças coincidem e cuja *igualdade* se dissolve de novo, pois ela mesma é *determinidade* frente ao *desigual*. Mas de fato esta consciência justamente aqui, em vez de ser uma consciência igual-a-si-mesma, é apenas uma confusão puramente casual – a vertigem de uma desordem que está sempre se reproduzindo. A consciência céptica *é isso para si mesma*, já que ela mesma mantém e produz essa confusão movimentada (161 = 156s.).

Cambaleando constantemente de lá para cá e de cá para lá, jamais chegará a uma solução. É como "uma diatribe de adolescente teimoso, onde um afirma A, se o outro diz B, e afirma B se o outro diz A [...]" (162 = 158).

Assim, o ceticismo acaba também não realizando a unidade da consciência-de-si, porque se orienta apenas na mutabilidade do mundo com todas as suas determinidades passíveis de negação.

*

O que Hegel afirma aqui é tão imensamente importante que temos de nos deter um momento para analisar. Vamos tomar o conceito hegeliano de liberdade, conceito que todo mundo um dia já usou. Liberdade é o bem mais precioso que o ser humano pode possuir, não só no âmbito político, mas também no âmbito privado. Também os jovens que estão atravessando a puberdade sonham com a liberdade. É o "conceito abstrato de liberdade" que inspira as pessoas e que dá origem aos sonhos e anelos. Como tal, pertence à esfera transcendente do imutável, do essencial, do infinito.

Mas quando essa liberdade deve realmente realizar-se, quando acontece o que Hegel chama de "liberdade viva", começam a aparecer também "confusão, tramoias e desordem". Alguém lança bombas para alcançar liberdade para o seu povo, enquanto o outro vê, precisamente nesse gesto, um risco para a liberdade, propagando a não violência: violência e não violência, com igual peso, a serviço da liberdade!

A "liberdade viva" na mutabilidade do mundo possui muitas caras: a sanha de um jovem para sair de casa, mesmo que arrebente o coração de sua mãe; um homem casado que diz estar "cheio" da mulher e dos filhos, que rompe com o casamento, alegando que está em busca da liberdade como o "mais precioso bem da humanidade".

Tudo isso acontece quando imutabilidade e infinitude de um conceito mergulham na mutabilidade do finito.

*

Assim, nem uma impostação fundamental estoica nem uma impostação fundamental cética conseguem gerar uma consciência-de-si que leve à unidade. O que consegue é a experiência amarga de um dilaceramento interno.

A essa experiência, Hegel chama de consciência infeliz. Essa infelicidade não acontece em algum momento no decurso biográfico da vida de um ser humano, mas faz parte essencial da vida do ser humano.

> No ceticismo a consciência se experimenta em verdade como consciência em si mesma contraditória; e dessa experiência surge uma *nova figura* que rejunta os dois momentos que o ceticismo mantém separados. A falta-de-pensamento do ceticismo a respeito de si mesmo tem de desvanecer porque de fato é uma consciência que tem nela essas duas modalidades. Essa nova figura é portanto uma figura que *para si* é a consciência duplicada de si como libertando-se, imutável e igual a si mesma. É a consciência-de-si como absolutamente confundindo-se e invertendo-se; e como consciência dessa sua contradição. No estoicismo, a consciência-de-si é a simples liberdade de si mesmo. No ceticismo, essa liberdade se realiza, aniquila o outro lado do ser-aí determinado; aliás, melhor dito, *se* duplica, e agora é para si mesma algo duplo. Desse modo, a duplicação que antes se repartia entre dois singulares – o senhor e o escravo – retorna à unidade; e assim está presente a duplicação da

> consciência-de-si em si mesma, que é essencial no conceito do espírito. Mas não está ainda presente a sua unidade, e a *consciência infeliz* é a consciência-de-si como essência duplicada e somente contraditória (163 = 158).

Em última instância, a consciência infeliz é a consciência da finitude do eu. A consciência infeliz é essencialmente a expressão da finitude humana, sob a qual padece o eu:

• Se o eu se encontra sob o jugo de um outro finito, estará preso na finitude.

• Se busca realizar na finitude a infinitude almejada, por causa de suas constantes negações acaba desembocando num titubear e em sua dilaceração torna-se infeliz.

> Mas nesse movimento a consciência experimenta justamente *o surgir da singularidade no imutável e do imutável na singularidade*. Para ela, a singularidade em geral vem-a-ser na essência imutável, e ao mesmo tempo sua própria singularidade nela [...]. O que se apresenta aqui como modalidade e relação do imutável resultou como a *experiência* que a consciência cindida faz em sua infelicidade (165 = 160).

Todavia, ela não se detém nessa perspectiva sombria, há uma saída dessa miséria. Essa saída já é preparada no final do capítulo sobre a consciência infeliz, mas seu desdobramento só irá ocorrer no capítulo subsequente sobre a razão.

Como conclusão, é preciso que mencionemos ainda que brevemente um tema que é extremamente caro aos intérpretes, a saber, a consciência infeliz, interpretada também do ponto de vista histórico. Muitos são da opinião de que se trata da consciência do cristianismo católico medieval. Preparado pelo paganismo da Antiguidade (estoicismo e ceticismo), o cristão teria se arvorado em senhor do mundo, mas continuaria sendo escravo frente ao seu Deus. Mas a superação da consciência infeliz, ao contrário, por meio da razão, é algo que estaria reservado à época moderna do Iluminismo, a qual é levada à plenitude por Hegel em seu idealismo.

Na afirmação hegeliana de que "para a consciência, só pode fazer-se presente o sepulcro de sua vida" (169 = 164), uma referência às cruzadas medievais. Teria sido o anelo e a devoção do além que levaram à tomada e ao culto do santo sepulcro em Jerusalém. Mas a consciência faz a experiência...

> de que *o sepulcro* de sua essência imutável *efetiva* não tem *nenhuma efetividade*, e de que a singularidade evanescente, enquanto evanescente, não é a verdadeira singularidade [...] (169s. = 164).

Através do culto às relíquias e ao santo sepulcro, o cristão não atinge a esfera do além. A ideia é provocadora. O único problema é que, em parte alguma da *Fenomenologia do espírito*, Hegel transforma a consciência infeliz num processo histórico.

Resumo

Depois de um reconhecimento recíproco, a consciência-de-si embrenha-se na luta pela liberdade. Descobre que no pensamento é soberanamente livre. Mas isso não lhe ajuda em nada, visto que essa liberdade não pode movimentar coisa alguma.

Mas, ao contrário, se quiser avançar no agir, acaba se enredando em negações constantes e isoladas, num emaranhado de acasualidades finitas. Experimenta sua dilaceração, e acaba se tornando infeliz.

Final feliz para a consciência-de-si ou a razão

Apesar de a consciência infeliz não se transmutar para uma consciência feliz (*glücklich*), transforma-se mesmo assim numa consciência bem-sucedida (*geglücktes*). Não é fácil realizar essa reversão, nem para o principiante e nem para o mais avançado. Para esclarecer essa reversão, propomos uma versão explicativa mais leve e uma mais complexa.

Em seu livro sobre Hegel, Charles Taylor apresenta a versão mais leve. Não gostaríamos de privar o leitor iniciante dessa facilitação, pois ela poderá ajudar se ele quiser se aventurar a compreender a versão mais complexa.

A versão mais leve

A transição para uma consciência bem-sucedida remete a um nível superior. Segundo afirma Taylor, com razão, nessa fase superior, o ser humano reconhece que a razão é a base de toda a realidade. A razão é o princípio do pensar próprio. Consequentemente, no mundo as pessoas estariam "junto a si". Ou como se expressa o próprio Hegel: "A razão é a certeza da consciência de ser toda a realidade" (179 = 176).

Assim, a consciência infeliz foi superada pela razão, só que ainda não ficou muito claro como isso aconteceu.

A versão mais complexa

Nesse meio-tempo já sabemos que os dois polos entre os quais a consciência infeliz se debate de cá para lá e de lá para cá, são a imutabilidade do conceito e a finitude do objeto. Mas esses polos conhecidos nada mais são que o dilema já bem conhecido que vige entre universalidade e singularidade. Por quê?

Toda e qualquer coisa, todo e qualquer objeto que alcança nossos sentidos e nossa percepção é uma coisa singular, é um objeto singular. A galinha que perambula através do quintal é uma galinha única e singular dentre milhões de galinhas que existem por aí. Enquanto singularidade, ela é mutável (engorda e emagrece) e finita (palavra-chave: panela). Mas o universal também pertence à galinha: no pensamento reconheço a galinha também sob o conceito universal de ave, galinha de abate, galinha chocadeira ou animal doméstico. Só posso apreender a universalidade no conceito, mas do conceito jamais poderá surgir alguma galinha real. O mesmo acontece com a singularidade: enquanto galinha, eu só posso percebê-la, mas dela tampouco surgirá algum conceito, uma vez que o conceito "animal doméstico" não provém da percepção da galinha, mas do pensamento, que comprime o singular no universal.

Fazemos um salto. A mesma tensão que existe entre universal e singular (que no caso da galinha não é visto necessariamente como tensão), Hegel a investigou na consciência-de-si: a tensão entre o eu que se atém ao singular e quer dar-lhe configuração através de um processo de trabalho, e o eu que, em seu mundo dos conceitos, quer ser independente de todo singular e de todo finito.

Esse último momento do eu participa da infinitude, do mesmo modo que aquela coisa, partindo de sua manifestação exterior, se lança para alcançar a esfera transcendente do ser. Vamos relembrar: no capítulo "força e entendimento", Hegel definiu isso como categoria da força. As palavras de Eugen Fink, onde fala do "tornar finito o infinito" vem a calhar muito bem nesse estado de coisas, do qual Hegel diz que "o imutável recebe a configuração da singularidade" (166 = 161).

Isso leva à experiência que faz a consciência sobre a divisão entre imutabilidade e mutabilidade.

Ora, tal experiência não é, de certo, movimento *unilateral seu*, pois ela mesma é consciência imutável e por isso, ao mesmo tempo, consciência singular também; e o movimento é igualmente movimento da consciência imutável que nele reponta tanto quanto a singular. Com efeito, este movimento percorre os seguintes momentos: o imutável é oposto à singularidade em geral; o imutável é um singular oposto a outro singular – o imutável, enfim, é um só com o singular (165s. = 161).

Ao pensamento que ainda não atingiu essa unidade, Hegel chama de *a-tenção* (*Andacht*): a-tenção no sentido de a-tender (*Andenken*)[1].

> Seu pensamento, sendo tal, fica em um uniforme badalar de sinos, ou emanação de cálidos vapores; um pensar musical que não chega ao conceito, o qual seria a única modalidade objetiva imanente. Sem dúvida, seu objeto virá ao encontro desse sentimento interior puro e infinito, mas não se apresentará como conceitual; surgirá pois como algo estranho (168s. = 163).

O que acontece aqui, é na verdade que o nexo entre singularidade e universalidade, apesar de ter sido estabelecido, realizado, a-tendido, ainda não foi concebido.

---

[1]. *"Andacht"* (*Andenken*), que usualmente se emprega para significar "devoção", "recolhimento", "fervor devoto", aqui tem a significação de a-tenção, reunir o pensar na direção e na atenção a alguma coisa, caminhar na direção do pensar [N.T.].

É preciso conceber que a unidade entre universalidade e singularidade já está ali presente, e quiçá no pensamento, que está a-tento: a saber na razão.

Isso, porém, exclui a possibilidade de o pensamento ver a unidade como ação do eu, como um conceito elaborado com esforço pelo eu. Nesse caso não é suficiente o salto que parte do pensamento da singularidade!

O pré-requisito para a superação da consciência infeliz é retirar da realidade todos os momentos de realidades singulares fáticas.

É algo difícil de ser feito. Aqui, Hegel lança mão de um vocabulário tirado de uma possível ascese. Fala-se de jejuar, castidade, renúncia, tarefa de gozo e propriedade, despojamento e sacrifício do eu. Tudo isso é uma tentativa de, com palavras aparentemente mais acessíveis, esclarecer o enunciado obscuro, que fala que a visão da consciência intramundana agora dobra-se e volta-se para uma consciência que está na base de todo ser: a razão.

Por razão, porém, Hegel não compreende a capacidade do pensar dedutivo (como fez Kant), mas aquilo que surge apenas agora, depois dos movimentos dialéticos antecedentes da certeza sensível, da percepção, do entendimento e da consciência-de-si.

Essa última, finalmente, alcançou aquele patamar sobre o qual em sua profundidade infinita faz surgir o singular, gera-o e volta a retomá-lo. É o patamar onde o eu independente perde seu apego ferrenho à objetualidade do mundo e assim encontra a paz.

É o patamar onde se resolve finalmente a pretensão do idealismo: onde realidade e pensamento são uma coisa só.

*

A consciência sabe que se move infeliz na divisão. *Ela a supera, porém, na medida em que compreende que no próximo nível do pensar o ser-em-si da divisão já será a unidade.*

Ao leitor que leu essa frase com certa suspeita e desespero, um exemplo poderá ajudar. Trata-se de um exemplo tirado da problemática, já bastante desgastada, do celibato, do dever dos sacerdotes católicos de manter a castidade e o não matrimônio.

Suponhamos que um sacerdote conheça uma mulher e se apaixone por ela. Na divisão que experimente entre votos e natureza começa a vivenciar uma dilaceração. Apesar disso, em seu sentir-se atraído de um lado para o outro, enquanto unidade atravessa até o próximo nível de sua forma de vida, na qual, agora, se decide, não importa qual seja o desencadear-se. Ele vivencia sua unidade não apesar de sua dilaceração, mas a razão lhe diz que ele já a vive em sua dilaceração interna.

O mesmo pode-se dizer não só do sacerdote, mas em última instância, de todo e qualquer ser humano que não se imagina poder ser sempre um consigo mesmo.

Hegel afirma que a consciência-de-si, agora, finalmente alcançou aquele nível onde o ser se move em sua profundidade infinita. É aquele nível onde o eu independente perde seu apego ferrenho à objetualidade do mundo e assim encontra a paz.

Dissemos que é o nível onde as pretensões do idealismo finalmente são resolvidas: realidade e pensamento são uma só coisa.

Realidade e pensamento são uma só coisa, isso não é uma contradição à confissão de que ao conceito de galinha de há muito não corresponde uma galinha real. Significa, antes, que a pedra fundamental do ser não é o invólucro sensorial, mas que essa pedra fundamental do ser só será encontrada depois que se tiver questionado os milhares de invólucros em vista de seu ser: no conceito! Ele encontra-se na raiz das coisas.

O leitor precisa compreender no que está interessado Hegel nesse ponto: a singularidade é a realidade exterior, não pode ser o fundamento da realidade com suas milhares de faces! A totalidade da realidade tampouco seria compreendida se se pudesse computar juntas todas as coisas exteriores, todas as raízes singulares reais de tudo que é! A cada dia teríamos uma outra soma diferente. A totalidade da realidade só será alcançada quando se tiver arrancado as raízes das coisas, *e quiçá em sua pretensão de incorporar a realidade do ser.*

A essa altura, a consciência sabe-se estar na esfera da razão, que estende seu manto sobre a universalidade dos conceitos e não encobre a divisão, mas, albergando-a, suprassume-a, conserva-a sob si mesmo.

Resumo

Na consciência infeliz lutam entre si conceito e objeto nas formas de infinitude e finitude. Primeiro dirige-se a atenção do pensamento ao nexo conjuntural, depois esse é concebido.

Através da razão, a consciência retira da realidade do finito a pretensão ontológica e concebe que o pensar carrega consigo a divisão, a partir do fundamento da realidade para dentro da unidade.

Parte II
Razão

A GRANDE EXIGÊNCIA OU CERTEZA E VERDADE DA RAZÃO

No capítulo em que estamos, para abordar a "razão", alcançamos um ponto de articulação. Até o momento, através de movimentos constantes do si-mesmo, a consciência tem se elevado até seu *status* momentâneo. Enquanto consciência-de-si, reconheceu que o outro é, na verdade, ela mesma. Chegou inclusive a tomar pulso de sua dilaceração, na medida em que concebeu que a divisão da consciência infeliz pertence à sua unidade.

Cheia de curiosidade, agora, olha ao redor de si, primeiramente para a natureza, procurando por autossegurança, antes de colocar o pé no mundo (no capítulo "Espírito).

Mas aqui encontra-se algo de muito específico, não apenas com relação ao conteúdo, mas também exteriormente. Para esse objetivo, temos de olhar atentamente para Hegel. Depois do "prefácio" e da "introdução" ele divide o tema do seguinte modo:

A Consciência

B Consciência-de-si

C (AA) Razão

   (BB) O espírito

   (CC) A religião

   (DD) O saber absoluto

Chama a atenção que o item C não tem nenhum título próprio, como é o caso de A e B. É logo subdividido em Espírito, Religião e Saber absoluto. Nas pesquisas sobre a história de surgimento da *Fenomenologia do espírito*, esse fato deu azo para muitas especulações, sobre as quais já foi falado inicialmente, e que queremos acentuar mais uma vez de maneira breve.

Da obra que deveria vir a público no ano-novo de 1807, a metade dela já deveria estar com o editor em Bamberg um ano antes da data para que Hegel pudesse receber seus honorários. E isso também acontecia. A partir daí, podemos ler, "secretamente" a *Fenomenologia* foi tomando as proporções que tem até hoje. Conhecemos também o fato de que, mais tarde, no verão de 1806, Hegel teria perdido o controle sobre seu trabalho.

Mas onde está o ponto de ruptura onde a obra deveria ter findado? Para adiantar isso, não é possível encontrar um tal ponto de ruptura. A falta de um título para o C nos deixa concluir que a *Fenomenologia* deveria ter ido apenas até o capítulo da Razão (T. Haering), e que o restante corresponderia à "extrapolação" que o editor teria provido, posteriormente, lançando mão da divisão dos capítulos AA, BB... Há ainda quem suspeite que sob o ponto C estaria o título "o sujeito absoluto", que se perdera, e que se subdivide em razão, espírito, religião...

Essa seria então uma pequena recapitulação da história do surgimento da *Fenomenologia*, cuja problemática da falta de título do item C está sem uma solução satisfatória até os dias de hoje.

Mas, uma vez que nós também não vamos resolver essa questão, temos de colocar mãos à obra para esclarecer também esse capítulo bastante volumoso da *Fenomenologia*.

> Porque a consciência-de-si é razão, sua atitude, até agora negativa frente ao ser-outro, se converte numa atitude positiva. Até agora só se preocupava com sua independência e sua liberdade, a fim de salvar-se e conservar-se para si mesma, às custas do *mundo* ou de sua própria efetividade, [já] que ambos lhe pareciam o negativo de sua essência. Mas como razão, segura de si mesma, a consciência-de-si encontrou a paz em relação a ambos; e pode suportá-los, pois está certa de si mesma como [sendo] a realidade, ou seja, está certa de que toda a efetividade não é outra coisa que ela. Seu pensar é imediatamente, ele mesmo, a efetividade; assim, comporta-se em relação a ela como idealismo. Para ela, quando assim se apreende, é como se o mundo lhe viesse-a-ser pela primeira vez. Antes, não entendia o mundo: [só] o desejava e o trabalhava. Retirava-se dele [recolhendo-se] a si mesma, e o abolia para si, e a si mesma [abolia] como consciência: como consciência desse mundo enquanto essência e também como consciência de sua nulidade. Só agora – depois que perdeu o sepulcro de sua verdade e que aboliu a abolição de sua efetividade, e [quando] para ela a singularidade da consciência é em si a essência absoluta – descobre o mundo como *seu* novo mundo efetivo. Agora tem interesse no permanecer desse mundo, como antes tinha somente no seu desvanecer; pois seu *subsistir* se lhe torna sua própria *verdade* e *presença*. A consciência tem a certeza de que só a si experimenta no mundo (178s. = 175s.).

A consciência infeliz, que vacilou se deveria "salvar-se e conservar-se para si mesma, às custas do *mundo* ou de sua própria efetividade, [já] que ambos lhe pareciam o negativo de sua essência", concebeu que havia sido colocada a diferença atormentadora da própria consciência.

Nesse conceber, nessa reflexão veio a ser a razão e agora alardeia-se a pretensão de ser "toda a realidade". Essa pretensão é a pretensão do idealismo. Anteriormente, a consciência desejara, extinguira, processara pelo trabalho etc. as coisas do mundo. Agora, o mundo está ali como o novo mundo, o seu mundo.

Um pouquinho de propaganda

O modo como Hegel fundamenta essa pretensão deve soar um tanto estranha para o homem de hoje. Assim, parece-nos apropriado deslocar um pouco a prioridade de nossa temática e oferecer ao leitor um pequeno esclarecimento para compreender essa pretensão. Trata-se da pretensão fundamental que, como idealismo, já adentrou a história da filosofia bem antes do que Hegel. É só com a marcha triunfal do pensamento das ciências naturais, própria do homem do Iluminismo, que essa pretensão começa a entrar em declínio.

O homem de hoje está preso na perspectiva correta, mas unilateral, de que a evolução que começou com o *big-bang* original é um processo que se desenvolveu do indivíduo até chegar ao *homo sapiens*, onde aquilo que chamamos de espírito não passa de um produto residual coerente das dimensões geneticamente crescentes do crânio e da massa cerebral, e que se desenvolveu de modo análogo também nas condições do mundo circundante e nas condições de vida.

Mesmo a afirmação de um Karl Marx de que a realidade social das relações e condições de trabalho teria produzido de certo modo o espírito do homem, ou que no mínimo teriam uma forte influência sobre o mesmo, é algo no mínimo provocante. Hoje parece ser consenso geral de que o espírito seria apenas uma manifestação vital provinda da natureza, cuja característica atual é marcado pela influência de fatores sociais. Oferecer resistência a esse consenso é algo que parece, de antemão, fadado ao fracasso e soa quase que fora de época querer propor e propagar a seguinte afirmação de Hegel:

> A razão é a certeza da consciência de ser toda a realidade; assim o idealismo expressa seu conceito (179 = 176).

Muito embora fadados ao fracasso, afirmamos que essa pretensão do idealismo de pôr a realidade está ainda em totais condições de ser implementada hoje. O leitor influenciado por esse posicionamento de consenso (que corresponde mais ou menos ao materialismo dialético) deverá exercer um pouco de condescendência na propaganda que se segue em favor de Hegel.

Vamos tomar como exemplo a realidade de nosso quarto infantil, onde o espírito infantil se torna realidade concreta, materializado em figuras de contos de fadas e contos da carochinha. Tomemos como exemplo a vitória sobre o lobo malvado como a vontade inflamada de luta do espírito infantil em prol da criação sadia e contra a injustiça e a opressão. Ai dos pais que denegam a razão dessa realidade a suas crianças, contrapondo-lhe a realidade supostamente maior das próprias experiências.

Pôr a realidade através da consciência é algo que pode acontecer também no universo dos adultos: quando não se reconhece o poder ontológico definitivo às circunstâncias adversas, como assaltos profissionais, injustiça, reveses financeiros, crimes e guerra. Nesses casos, é o homem que põe o ser com sua razão soberana, ele põe a realidade a partir da base do próprio ser.

Pôr a realidade pela consciência, numa relação insanavelmente machucada, pode significar: conceitos como fidelidade, confiança e poder-entregar-se não são necessariamente invólucros conceituais vazios ou joguetes conceituais, mas sempre lhe é atribuído um poderio ontológico, que põe e cria nova realidade.

Nessa realidade, então, (na linguagem de Hegel), *o conceito de confiança corresponde a seu objeto e o objeto corresponde a seu conceito.*

Fica ao critério do leitor então absorver ou rejeitar a pretensão do idealismo, que afirma que o pensamento seria o ser verdadeiro e próprio.

O mero asseguramento

Depois dessa intromissão com caráter de propaganda, é preciso retornar a nossas incursões na linguagem árida de Hegel. Mas talvez isso signifique sair das regiões baixas das emoções e elevar-se às alturas estonteantes da força da linguagem hegeliana. Seja nas profundezas ou nas alturas, o caminho é igualmente difícil, pois o que se segue é sem dúvida uma das obras-primas da incompreensibilidade. Assim, na maioria das interpretações dificilmente constam as páginas que conduzem diretamente para o subcapítulo "A razão observadora".

Como já dissemos acima, a ração não é uma capacidade e tampouco um desempenho do pensar do ser humano. É o resultado do movimento dialético do pensamento que viemos realizando até aqui. Partindo da certeza sensível até chegar à consciência-de-si, tudo isso já ultrapassamos:

> A consciência, que é tal verdade, deixou para trás esse caminho e o esqueceu, ao surgir *imediatamente* como razão; ou seja, essa razão, que surge imediatamente, surge apenas como *certeza* daquela verdade (180 = 177).

Mas, de início, esse surgimento da razão não passa de um asseguramento. Mas um asseguramento não é nada mais do que uma afirmação, por exemplo, frente ao asseguramento de um outro. "Eu sou Eu" não diz nada, cada consciência pode fazer essa afirmação...

> Eu sou Eu; o Eu é meu objeto e minha essência, e nenhuma lhe negará essa verdade. Porém, ao fundar a verdade sobre esse apelo, sanciona a verdade da outra certeza [...] (180 = 177).

Enquanto afirmação da verdade frente a outra afirmação, a razão não consegue resolver a pretensão do idealismo de ser toda a realidade. Mas como será possível resolver essa pretensão?

Hegel pensa que "a consciência deverá modificar sua relação com o ser-outro ou com seu objeto [...]" (181 =178).

Nesse ponto, Hegel retoma o conceito de categoria, que ele encontrara na força como categoria originária. Ele amplia esse pensamento categorial, inserindo-o na consciência-de-si.

> A *categoria*, que tinha a significação de ser a essencialidade do essente; *de modo indeterminado*, quer essencialidade do essente em geral, quer do essente em contraste com a consciência [...] (181 =178),

torna-se agora em "pura essencialidade do essente", ou melhor: em unidade do ser com a realidade pensante. Essa unidade recebe agora o nome de "unidade simples da consciência-de-si".

Mas – como pode ser em movimentos dialéticos – também a categoria da unidade simples não é poupada da problemática do ser-outro, da distinção. Esse ser-outro, porém, não está fora dessa categoria (do contrário, teria de reconhecer uma outra realidade!); ao contrário, "a unidade simples da consciência-de-si tem *a diferença* em si mesma; isso porque sua essência é precisamente [...] ser imediatamente igual a si mesma no *ser-outro*" (181 = 178).

Mas a diferença não é tal, só parece ser tal. E acima de tudo ela parece ser uma "multiplicidade de categorias".

Como pode um ser unitário ser determinado por uma multiplicidade? Assim, Hegel acha "inconcebível [...] que na categoria haja diferenças ou espécies".

Hegel não é um sujeito escrupuloso. O que Hegel está apresentando aqui é uma sonora bofetada no grande Kant, que, sabe-se, deduziu as categorias dos juízos.

> Contudo, admitir a multiplicidade de categorias de uma maneira qualquer – por exemplo, a partir dos juízos – como um achado, e fazer passar por boas as categorias assim encontradas, isso deve ser considerado como um ultraje à ciência (182 = 179).

Na verdade, segundo Hegel, o que acontece é que, aquilo que se mostra como sendo uma multiplicidade de categorias, justo por causa da multiplicidade é na realidade uma divisão dentro da razão. Assim a razão volta a estar titubeando, ou, dito de forma melhor, também ela é concebida num titubear. O movimento dialético, portanto, está avançando.

A tensão em que se encontra a razão é a tensão que existe entre seu operar e aquilo que ela operou, entre pensamento e realidade, dentro dela mesma. Hegel chama a isso a posição dupla da consciência pura...

> Vemos neste ponto a consciência pura posta de uma dupla maneira. A primeira vez como irrequieto *vai-e--vem*, que percorre todos os seus momentos onde encontra flutuando o ser-outro, que se suprassume no ato de abarcar. A segunda vez, antes, como *unidade tranquila* certa de sua própria verdade (183 = 180).

Temos que estabelecer o seguinte: o titubear da razão não se dá entre a razão e algo outro fora dela. O outro: é para a unidade, o movimento tranquilo das diferenças, e para o movimento, é a unidade tranquila.

Nesse titubear, a consciência experimenta a certeza de ser "toda a realidade": visto que, de um lado, é o procurar, e do outro, o procurado.

No decurso desse movimento, vamos encontrar assim a essência da consciência: "apropria-se" daquilo que está no mundo. Ela proclama "que todo ser é", mas essa proclamação não ultrapassa uma afirmação vazia. Pois se todo ser se transforma em "meu da consciência, não se poderá excluir que tenha sido um "choque estranho" a preencher o "meu vazio".

Assim, também esse "idealismo vazio" se atém apenas ao asseguramento de ser tudo. A difícil tarefa de elevar a certeza à verdade ainda está por vir.

Apenas para adiantar esse tema: essa expedição faz a razão dar um grande passo adiante, mas ainda não terá alcançado a terra adorada da verdade absoluta. A tarefa agora é observar toda a natureza. Nesse observar, a razão percorre, em princípio, os mesmos estágios que a consciência já percorreu. Mas, uma vez que há o risco de, nessa caminhada, reincidir nos antigos erros da consciência (ter em mente, perceber...), Hegel a qualifica como "instinto racional".

Desse modo, o guia da expedição é a razão que, enquanto instinto, em tudo busca encontrar aquilo que, à primeira vista, é diverso de si.

Resumo

Depois da superação da divisão, a consciência, enquanto razão, lança a pretensão de ser toda a realidade. De início, porém, não consegue ultrapassar um mero asseguramento, ainda mais porque ela própria está presa a um titubear entre a unidade tranquila consigo e o movimento inquieto de suas diferenças.

A PARTIDA PARA UMA NOVA EXPEDIÇÃO OU A RAZÃO OBSERVADORA

Junto aos filósofos gregos, o homem maravilhado descobrira a razão ou um princípio da mesma no mundo. Em Hegel, a razão não é descoberta no mundo, mas é ela própria que descobre o mundo e, no mundo, descobre a si mesma. Isso porque ela própria é o mundo.

> Por isso a razão tem agora um *interesse* universal pelo mundo, já que ela é a certeza de ter no mundo a presença, ou seja, a certeza de que a presença é racional. Procura a razão seu Outro, sabendo que não possuirá nada de Outro a não ser ela mesma; busca apenas sua própria infinitude.
> A razão que, inicialmente, apenas se vislumbrava na efetividade – ou que só a sabia como o *seu* em geral –, agora avança nesse sentido para a tomada de posse universal da propriedade que lhe é assegurada; e planta em todos os cimos e em todos os abismos o marco de sua soberania. Mas esse Meu superficial não é seu interesse último: a alegria dessa universal tomada de posse ainda encontra em sua propriedade o Outro estranho, que a razão abstrata não tem em si mesma. A razão se vislumbra como uma essência mais profunda do que *é* o Eu puro, e deve exigir que a diferença – o *ser multiforme* – se torne para ele o próprio seu; que o Eu se intua como a *efetividade*, e que se ache presente como figura e como coisa. Porém a razão, mesmo revolvendo todas as entranhas das coisas, e abrindo-lhes todas as veias – a fim de ver-se *jorrar dali para fora* – não alcançará essa felicidade; mas deve ter-se

implementado antes em si mesma, para depois experimentar sua plena realização (186 = 183s.).

Agora, Hegel se esbalda em palavras, quando tenta descrever como, em todas as alturas e nas profundidades, se crava a bandeira da razão, e ao remexer as entranhas abrem-se os veios das coisas, de modo que a razão pode começar a dar seu primeiro passo e elevar a certeza à verdade: ela observa a natureza.

Partindo da profundidade do conhecimento de ser ela própria o mundo, é remetida para a realidade visível, que é a "expressão sensível" dessa realidade. Assim, a razão transforma a sensorialidade em conceitos, transforma o ser no pensar, e vice-versa, o pensar no ser.

Esse é o caminho da razão que observa a natureza: o movimento de ser e pensar com o objetivo derradeiro da unidade mútua. A razão se apresenta (já mencionamos esse fato) agora como uma espécie de impulso gnosiológico espontâneo ou, como diz Hegel, "impulso racional" ou como "instinto racional".

Esse instinto racional percorre agora, mais uma vez, como que num percurso veloz, todo o caminho do conhecimento, passando pelas estações da certeza sensível, da percepção, do entendimento, da lei, até chegar à consciência-de-si. Hegel admite que, à primeira vista, parece ser o mesmo caminho, mas em realidade o todo encontra-se agora num outro nível. Por quê? Porque agora a razão tem ciência do que percebeu não mais como algo estranho, mas como sendo algo de si mesma!

Agora não se trata mais apenas "de um sentir o gosto, cheirar, tatear, ouvir e ver" (188 = 185), mas da essência das coisas. O fato de "o canivete estar ali ao lado do pote de tabaco" é algo interessante para a percepção, mas não para a razão que observa. Essa está interessada no universal.

A natureza

Foram percorridas diversas etapas para poder elevar o saber ao patamar de ciência. A etapa básica foi o *descrever*. Essa etapa é ilimitada, pois as reservas da descrição jamais se esgotam.

O próximo passo é *a distinção entre essencial e não essencial*. O que se encontrou foi o conceito, como ocorreu anteriormente com o entendimento. O novo nesse estágio é que a consciência já reconheceu a si mesma no objeto, e agora oscila entre saber se o essencial do objeto não seria também o essencial do conhecer.

Nesse nível do pensamento, é possível sentirmos algumas turbulências dialéticas, o mesmo que ocorreu anteriormente com a percepção e com o pensar: O ser de uma coisa na natureza é um ser tranquilo ou é um ser em relação com outro? Ao ser de coisa de planta ou de animal avém um ser determinado ou um ser universal? Em alguns raciocínios pesados, Hegel descreve intrincamentos, transições e transformações a partir dos quais a razão atravessa a natureza dialeticamente "pelo pensamento".

Na próxima etapa do pensar a razão que observa reconhece leis, leis da natureza. É precisamente na lei que a pretensão da razão, de ser a unidade entre pensar e ser, torna-se visível. O que em Hegel soa do seguinte modo:

> Agora, quando o instinto da razão chega à determinidade conforme sua natureza, que consiste essencialmente em não ser para si, mas em passar ao seu oposto, então vai em busca da *lei* e do *conceito* da determinidade: procura-os, de certo, como efetividade *essente*. No entanto,

essa determinidade desvanecerá, de fato, para o instinto da razão; e os lados da lei se tornarão puros momentos ou abstrações, de tal modo que a lei virá à luz na natureza do conceito [...] (192 = 189).

Num claro contexto, isso significa que agora a lei possui um duplo aspecto:

- o comportamento estável e constante das coisas numa necessidade (p. ex., a pedra rola ladeira abaixo); e

- o pensamento que concebe esse comportamento (ele o concebe como lei da força da gravidade).

A lei: É a razão nas coisas e a razão do pensar. O espírito enquanto razão traz seus pensamentos para dentro do mundo inorgânico; assim, as leis são suas próprias posições (*Setzungen*) do espírito. Isso soa um tanto forçado, mas é assim que pensa Hegel: o espírito interpenetra de tal modo a matéria como se a equiparasse consigo. Assim pode reconhecer a si mesmo no que é supostamente estranho. Também nesse caso vemos anunciar-se a tese de Hegel: o objeto corresponde ao conceito e o conceito corresponde ao objeto.

O orgânico

Agora, depois de ter encontrado as leis no âmbito do mundo inorgânico, o instinto racional volta-se para a observação do orgânico. Aqui, o conceito de lei não presta para muita coisa, visto que as partes de um organismo não se relacionam entre si do mesmo modo que se relacionam, por exemplo, a pedra e a força da gravidade.

As partes do organismo estão em uma outra conjuntura: é a conjuntura do fim, que mantém os organismos. Num trecho de leitura extremamente difícil, Hegel explica esse fim como um fim "em si mesmo e para si mesmo":

> [...] se começamos do primeiro [vemos que] no fim ou no resultado de seu agir ele apenas retoma a si mesmo. Portanto, o primeiro se mostra exatamente como sendo algo tal que tem *a si mesmo* por seu fim; assim, como primeiro já retomou a si, ou *é em si e para si mesmo*. Logo, é a *si mesmo* que alcança através do movimento de seu agir [...] (199 = 196).

Simplificado esse pensamento, isso significa que *o fim de um organismo é ter um fim*. O fim é o caminho e a meta de seu próprio movimento, é "o primeiro e o último". Mas isso não é tão difícil de se compreender: o fim pelo qual o coração bombeia e movimenta o sangue nada mais é que o fim vital do organismo como um todo.

O mesmo se aplica à consciência-de-si, afirma Hegel, em consonância com as exposições anteriores a respeito do tema. Uma vez que o organismo nada mais é que uma consciência-de-si materializada. Também isso estabelece uma...

> diferença entre o *que ele é* e o *que ele busca*. Mas é só a *aparência de uma diferença*; por isso é, em si mesmo, conceito (199 = 196).

A seguinte distinção das formas básicas que fundamentam o fim ou meta da vida, sensibilidade (capacidade de sensação), irritabilidade (capacidade de reação a sensações, força muscular) e reprodução (força de renovação, de procriação) não é tão fecunda, de modo que não precisamos nos aprofundar nela.

Basicamente, tampouco o organismo está privado do movimento dialético, pois ele também é um processo em movimento. Mas, nesse ponto, Hegel afirma algo digno de nota: o movimento dialético não leva a nenhum fim, não leva adiante. No fundo, também o organismo se move numa tensão contraposta, a tensão já conhecida entre singularidade e universalidade.

Para isso, Hegel emprega o esquema do dentro e fora, propondo uma tese que já não coloca em teste: exterior é expressão do interior.

Ora, a observação do organismo pela razão não leva muito avante, visto que o movimento dialético se "desenrola" dentro das partes do orgânico. O próprio organismo, enquanto singularidade, é universal, e perfaz aquilo que se chama de gênero. Isso aparenta ter certa plausibilidade, pois fica fácil de ver que, no processo em que se estabelece o gênero, a singularidade e a universalidade já estão conjugadas: enquanto ser vivente singular, o organismo "singulariza-se", enquanto gênero, ele se "universaliza".

A consciência-de-si

A razão observante encontrou um caminho que a leva a avançar, um caminho no qual a divisão ou a coincidência-de-singularidade e universalidade ainda irá lhe render frutos dialéticos: na consciência-de-si (Hegel: "no próprio conceito existente como conceito"). Aqui, na observação da consciência-de-si, a razão torna-se fecunda. Ela encontra leis, leis do pensamento, "na medida em que retorna a si mesma e se volta para o conceito real enquanto conceito livre" (227 = 222).

A razão descobre que o pensamento tem o poder não só de determinar qualquer coisa, mas também o poder de suprassumir essas posições (*Setzungen*): tem o poder da negação.

Mas só a forma lógica de leis não é suficiente; no caso, estariam "fora da realidade". À forma, pertence também o conteúdo, uma coisa não existe sem a outra. Leis do pensamento que representam apenas formas lógicas rígidas são inúteis, visto compreenderem apenas uma parte do movimento do pensar. É só a negação que livra o pensamento da rigidez e o põe em movimento.

Com isso, Hegel está junto dos conceitos da "consciência ativa" e da "realidade agente".

> Abre-se pois *novo campo* para a *observação* na *efetividade operante da consciência*. A psicologia contém grande número de leis, segundo as quais o espírito se comporta diversamente para com os diversos modos de sua efetividade – enquanto essa efetividade é um *ser-outro encontrado*. Tal comportamento consiste, por uma parte, em acolher em si mesmo esses modos diversos, em *adaptar-se* ao que é assim encontrado: hábitos, costumes, modos de pensar, enquanto o espírito é neles objeto para si mesmo como efetividade. Mas, por outra parte, [esse comportamento consiste] em saber-se [atuando] espontaneamente frente a eles, a fim de retirar para si, dessa efetividade, só algo especial segundo a própria inclinação e paixão, e, portanto, em *adaptar o* objetivo *a si mesmo*. No primeiro caso, o espírito se comporta negativamente para consigo mesmo, enquanto singularidade; no outro caso, negativamente para consigo, enquanto universal (229 = 223s.).

Para compreender a palavra "psicologia", precisamos nos desfazer do sentido que temos hoje dessa palavra. Talvez a visão que tinha Hegel de psicologia não mais satisfaça as pretensões científicas atuais, mas nem por isso deixa de ser interessante. Para Hegel, psicologia é a investigação do que se passa quando o pensamento se encontra sob condições somáticas. Realidade é, de antemão, o "ser-outro previamente encontrado" do espírito. Entre o espírito e o ser-outro há uma relação, a partir de onde Hegel intenta deduzir leis. De um lado, o espírito pode adaptar-se aos hábitos e costumes usuais ("tornar-se de acordo com eles"); de outro, ele pode adaptar esses a si ("adaptar esses a si mesmo"); ele pode inserir-se nos costumes ou rejeitá-los.

Inserção ou rejeição – as duas coisas parecem fecundas do ponto de vista dialético, visto estarem ligadas com a negação: quando o espírito se insere ali, estará negando sua singularidade – se ele se rebela "apaixonadamente", estará negando sua universalidade.

Apesar do movimento, essa é a razão principal por que no comportamento não se podem encontrar regularidades: inserção ou rejeição das circunstâncias sociais é uma tarefa reservada à individualidade do ser humano.

Através do fato de que o indivíduo...

> [...] ou *deixa correr* imperturbado o fluxo da efetividade que o influencia, ou então o interrompe e o inverte. Desse modo, porém, a *necessidade psicológica* torna-se uma palavra tão vazia, que se dá a possibilidade absoluta de que o indivíduo que teria tido aquela influência pudesse também não ter tido (232 = 226s.).

A individualidade

A última fase da expedição da razão observante tem um desfecho final no capítulo "Fisionômica e doutrina do crânio".

Depois que os pontos de partida que adotamos até o presente, como natureza, organismo, psique mostraram não ser tão fecundos com as possíveis leis do pensar e do agir, Hegel toma como novo ponto de partida a consciência-de-si individual, casual; o conceito da "individualidade real".

> O indivíduo é em si e para si: é *para si*, ou é um agir livre; mas também é *em si* ou tem ele mesmo um determinado *ser originário*. Uma determinidade que é segundo o conceito; [mas] que a psicologia queria encontrar fora do indivíduo. Portanto surge, *no indivíduo mesmo*, a oposição que consiste em ser, de *dupla maneira*, tanto o movimento da consciência quanto o ser fixo da efetividade fenomenal – efetividade essa que no indivíduo é, imediatamente, *a sua*. Esse *ser* – o *corpo* da individualidade determinada – é sua *originariedade, o* seu "não-ter-feito". Mas porque o indivíduo, ao mesmo tempo é somente "o que tem feito", então o seu corpo é também a expressão de si mesmo, por ele *produzida*: é ao mesmo tempo um *signo* que não permaneceu uma Coisa imediata, mas no qual o indivíduo somente dá a conhecer o que é quando põe em obra sua natureza originária (233 = 227s.).

O indivíduo é apreendido aqui através das categorias do ser-para-si e do ser-em-si. A caracterização do primeiro é o agir livre, a ação livre. Agir, só pode alguém que é existente, que é dado previamente, que é *em si*: o ser, a originariedade, o corpo somático, que Hegel descreve com as palavras estranhas "não-ter-feito", o corpo somático dado de antemão anterior ao seu "ter-feito" da ação livre.

Já não se trata como em Sócrates ou em Platão, onde o corpo somático é o suporte necessário, porém mau da alma, e onde para-si e em-si se interpenetram.

Mas uma vez que o fazer livre não é uma nuvem de névoa, mas precisa de uma configuração, o corpo somático se torna em exteriorização da ação livre; ele é expressão da mesma.

No animal temos uma relação expressiva muito semelhante de dentro e fora: o abanar o rabo do cachorro é expressão de algo interno, de alegria; o ronronar do gato é uma expressão externa de um outro estado interior etc. No ser humano, toda a gestualidade corpórea serve de expressão de sua espiritualidade interior, sobretudo em ações expressivas intencionais (como no caso do ator), mas visivelmente também da mímica que nós mesmos controlamos em certa medida. Assim, mãos e boca, trabalho e linguagem se tornam em expressão manifestativa humana. Mas também essa não produz uma lei, visto estar englobada por uma ambiguidade inevitável; a possibilidade de uma desfiguração intencional ou a inabilidade podem ameaçar a autenticidade da expressão.

Desse modo, a teoria da fisionômica (a doutrina da expressão facial) é um retrocesso; no mesmo embalo decadente, é mencionada junto com a astrologia, a quiromancia (arte de ler as mãos) e a hermenêutica de manuscritos. Há uma ligação entre interno e externo, mas mesmo assim não há qualquer necessidade entre elas que fosse indispensável para uma lei.

Essas páginas não representam uma interrupção resignada da incursão da razão, são ao contrário um espaço de regozijo de ataques espirituosos e mordazes que o árido suábio acredita ter que espalhar aos seus contemporâneos, e antes de todos ao famoso J.K. Lavater (1751-1801), que – se dermos crédito aos comentários – compreendia o estudo da fisionômica como a via para o conhecimento certeiro do ser humano. O próprio genial G.C. Lichtenberg (1752-1799) é citado, que qualifica a fisionômica como uma "conversa mole": "toda vez que temos feira, chove, diz o dono da mercearia; e a mulher diz: toda vez que eu boto a roupa lavada para secar, também chove" (252 = 236).

*

Depois de um excurso sobre sistema nervoso, medula espinhal e espinha dorsal, Hegel volta seu escárnio mordente para a frenologia, coisa que estava na moda em sua época, a saber, a doutrina do crânio. Para os ouvidos de hoje, isso soa um tanto ridículo, mas naquela época não era assim. Sabemos, por exemplo, que Goethe, na idade de 77 anos, conservou em mãos e ficou contemplando por longo tempo o crânio de Schiller, exumado 21 anos após a sua morte. E tomado de reverência, proferiu os seguintes versos:

> Como ela faz que o estável transcorra para espírito,
> Assim conserve estável o que é gerado pelo espírito.

Mas Hegel não partilhava dessa reverência, muito pelo contrário. Com escárnio ele fala da possibilidade de "dor de cabeça do ladrão, do assassino, do poeta", da "bossa do tamanho de um punho" atrás do osso da orelha de um homem astuto, e aconselha a quem considera o crânio como sua realidade até se abrir o crânio.

Depois de um resumo conclusivo (258ss. = 250ss.), Hegel apresenta um apanhado de sua expedição da razão.

A razão se reconhece no mundo, e quiçá como conceito. Essa é sua verdade.

Mas se tomarmos o conceito apenas como representação (como se deu na percepção, no início), então decai para "representações ingênuas". Uma consciência que só consegue ver o conteúdo do conceito como representação (sensorial etc.) é uma consciência ignorante. Comporta-se com a profundidade do espírito como se comporta o ínfimo para com o sublime.

Através dessa comparação, Hegel dá um fecho a seus ataques ao seu entorno com um final grosseiro, tomando como exemplo o membro sexual do homem.

Entre a profundidade do espírito e a ignorância da consciência haveria...

> [...] a mesma conexão do sublime e do ínfimo, que no organismo vivo a natureza exprime ingenuamente, na combinação do órgão de sua maior perfeição – o da geração – com o aparelho urinário [...]. Mas a consciência da vida comporta-se como o urinar, ao permanecer na representação (262 = 254).

Resumo

A razão dá início à sua reivindicação de ser toda a realidade com a observação da natureza. Enquanto instinto racional, ela percorre as mesmas etapas da consciência objetual, com a diferença de que ela já sabe que ela é o outro. Ela não só apreendeu o conceito, mas também sabe do apreender o conceito.

Com esse saber ela anula as disciplinas da psicologia, da fisionômica e da frenologia, e descobre que essas nada mais fazem que fornecer representações do conceito, deixando que a consciência permaneça presa na ignorância.

O PASSO PARA A MORALIDADE OU A REALIZAÇÃO DA CONSCIÊNCIA-DE-SI

O caminho que a razão tinha de percorrer pela natureza já se cumpriu. Apesar das contrariedades, alguns resultados foram satisfatórios: a consciência-de-si teve a confirmação de sua unidade com a objetualidade do mundo. Mas com essa confirmação da unidade nada se pode fazer, ela é uma tarefa: por isso, da razão observante surge a razão agente, que finalmente busca se realizar.

> A consciência-de-si encontra a coisa como a si, e a si como coisa, quer dizer: *é para ela* que essa consciência é *em si* efetividade objetiva. Não é mais a *certeza imediata* de ser toda a realidade; mas é uma *certeza* tal, que o imediato tem para ela a forma de um suprassumido, de modo que sua *objetividade* só vale como superfície, cujo interior e essência é a *própria consciência-de-si*. Assim sendo, o objeto a que ela se refere positivamente é uma consciência-de-si; um objeto que está na forma da coisidade, isto é, um objeto *independente*. No entanto, a consciência-de-si tem a certeza de que esse objeto independente não lhe é nada de estranho, pois sabe que por ele é reconhecida *em si*. Ela então é o *espírito*, que tem a *certeza*, *de* ter sua unidade consigo mesmo na duplicação de sua consciência-de-si e na independência das duas consciências de si [daí resultantes]. Essa certeza agora tem de elevar-se à verdade, para a consciência-de-si: o que para ela vale como sendo *em si*, *e* em sua certeza *interior*, *deve* entrar na sua consciência e vir-a-ser *para ela* (263 = 254).

A certeza imediata de ser toda a realidade tem a forma de um suprassumido, ou seja: no momento em que a razão observante perpassou atravessando a natureza, o objeto imediato perdeu sua imediaticidade, pois foi experimentado como conceito vivo. Ele foi suprassumido,

• de um lado destruído em sua pretensão de representar o verdadeiro ser;

• de outro, suprassumido, conservado como estágio de passagem do conhecimento.

Agora, Hegel retoma a ideia da duplicação da consciência-de-si. Só para relembrar: no capítulo "Dominação e escravidão" foi demonstrado que a segunda consciência-de-si, em seu pendor rumo à objetualidade, entrou num conflito originário com a consciência-de-si pura. Da luta das duas surgiu a consciência infeliz, que só encontrou um final feliz no nível do espírito. Por isso, Hegel pode equiparar a "coisalidade" com a segunda consciência-de-si, afirmando que "é o espírito que tem a certeza de, na duplicação de sua consciência-de-si [...] encontrar a unidade consigo mesmo".

Assim, a consciência-de-si, como espírito, alcança um novo patamar, que muitos intérpretes já localizam, erroneamente, no capítulo do senhor e do escravo: a unidade da consciência-de-si encontra-se na consciência-de-si de um outro indivíduo. O esquema senhor/escravo – que na força expressiva de sua configuração quase levou os intérpretes a equívocos – se dirige agora à relação indivíduo/povo, e assim abre o âmbito da ética e dos costumes. Sabe-se que a moralidade necessita de um espaço onde as diversas pessoas possam relacionar-se mutuamente.

O conceito de moralidade (ou "razão ativa") aparece nas palavras de Hegel de forma um tanto inflada, ao afirmar que...

> [...] esse reino não é outra coisa que a absoluta *unidade* espiritual dos indivíduos em sua *efetividade* independente. É uma consciência-de-si universal em si, que é tão efetiva em uma outra consciência, que essa tem perfeita independência – ou seja, é uma coisa para ela. [Tão efetiva] que justamente nessa independência está cônscia da sua *unidade* com a outra, e só nessa unidade com tal essência objetiva é consciência-de-si (264 = 256).

Mas isso não é lá tão difícil de ser decifrado; minha consciência-de-si vive em tensão entre singular e universal. Dissolve essa tensão no outro, e ali encontra sua unidade. O mesmo ocorre com a consciência-de-si do outro ser humano; dissolve a mesma tensão em minha consciência-de-si e encontra sua unidade em mim.

Ou expresso de forma ainda mais simples: na consciência-de-si mutuamente reconhecida entre indivíduos conscientes de si, reside o espírito e o reino da moralidade.

Hegel é de opinião de que a realização da razão consciente de si acontece na vida do povo. Para ele, povo não representa tanto uma grandeza nacional, mas uma grandeza moral: um mundo onde se desenvolve a moralidade.

Ali o fazer singular e o fazer universal não pode ser separado.

> O *trabalho* do indivíduo para [prover as] suas necessidades tanto é satisfação das necessidades alheias quanto das próprias; e o indivíduo só obtém a satisfação de suas necessidades mediante o trabalho dos outros [...]. Nada há aqui que não seja recíproco (265 = 257).

No povo, o indivíduo alcança sua definição de ser um ser universal e singular. Para isso, Hegel mantém pronta a palavra *felicidade*: é o ponto de partida da consciência-de-si, e é um fim, visto que a realização ainda não se completou.

Entre ponto de partida e fim, a consciência-de-si vai fazendo experiências para encontrar essa felicidade. Mas nesse processo começa a vacilar.

a) O gozo do mundo (o prazer e a necessidade)

De pronto se nos apresentam dois caminhos, sendo que saltam aos olhos logo os paralelos com o tema "Senhor e escravo".

O primeiro caminho é o da autorrealização do indivíduo sem qualquer ligação. Ele busca encontrar sua felicidade na determinação como ser exclusivamente singular.

Busca o gozo: "Lança-se, pois, à vida e leva à plena realização a individualidade" (271 = 262).

Gozo sensorial irrestrito como realização da liberdade, esse programa da consciência-de-si não foi superado sequer nos dias de hoje: consumo sem criatividade sob o manto audacioso da liberdade.

Todavia, como toda e qualquer elevação, precisa de algo acima do qual possa se elevar, isso se aplica também nesse caso para o desejo e o gozo. É só aos poucos que o indivíduo supostamente consciente-de-si compreende que precisa da moralidade como baluarte de suas pretensões irrestritas. Hegel expressa essa realidade do seguinte modo: "a realização do fim[2] é a própria suspensão do mesmo [...]" (272 = 263), pois toma ciência de que a unidade com o objeto do gozo conduz o indivíduo para fora da singularidade, introduzindo a universalidade. (Veja o senhor, que precisa explorar o escravo para seu gozo, e com isso perde sua singularidade!)

---

2. Usar tudo para seu gozo [N.A.].

Com isso, esse indivíduo se transforma na "figura a mais pobre do espírito em realização". A necessidade de um contraposto, a necessidade daquilo que mantém a conjuntura do mundo como moralidade, é experimentada "como a necessidade vazia e estranha, como realidade *morta*" (273 = 265).

É só a reflexão da consciência, que é ela própria a necessidade, que irá desmascarar o eu singular como universal, abrindo assim o segundo caminho, a nova configuração da consciência-de-si.

b) O melhoramento do mundo (a lei do coração e o delírio da presunção)

Essa nova figura busca não mais sofrer a necessidade, mas ser a própria necessidade. Assim, depois do gozo do mundo, oferece-se ao indivíduo o *segundo caminho*, onde espera encontrar sua determinação.

Ele vê não poder mais ter a confirmação de sua singularidade no desejo e no gozo, mas no melhoramento do mundo. E isso já não é mais uma questão de vontade própria ao sabor do humor, mas em seu coração vai amadurecendo um projeto, que prefere ver como lei no mundo. A essa visão, Hegel chama de a lei do coração. Ela impinge para fora, busca realização.

Mas a esse coração se contrapõe a realidade do mundo, que ele experimenta como ordem violenta, que subjuga a "humanidade sofredora".

> Sendo assim, a individualidade já não é a frivolidade da figura anterior, que somente queria o prazer singular; mas é a seriedade de um alto desígnio, que procura seu prazer na apresentação de sua própria essência *excelente*, e na produção do *bem da humanidade*. O que a in-

dividualidade torna efetiva é a lei mesma, portanto seu prazer é ao mesmo tempo prazer universal de todos os corações (276 = 267).

A lei do coração busca realizar-se, e ali encontra sua primeira contradição. No momento em que se realiza cessa de ser lei do coração. Se tornou lei para todos, "cresce como universalidade para si, purificando-se da singularidade [...]" (277 = 269).

A segunda contradição brota desse pensamento. Aquilo que se realizou ou que é efetivo só pode ser o universal, "onde a singularidade da consciência [...] encontra, antes, seu ocaso"; em vez desse *seu ser*, alcança no ser, portanto, a alienação de *si mesmo*" (279 = 270).

Aqui, encontramos o clássico entre os conceitos de Hegel, a alienação, que mais tarde irá ser abordada com maior profundidade. Aqui (resumidamente) esse conceito significa: a individualidade sofre seu ocaso (aliena-se), porque aspira à pretensão de ser universal. Essência e essência realizada contradizem-se mutuamente.

> O pulsar do coração pelo bem da humanidade desanda assim na fúria de uma presunção desvairada; no furor da consciência para preservar-se de sua destruição. Isso, porque ela projeta fora de si a subversão que é ela mesma, e se esforça por considerá-la e exprimi-la como um Outro (280 = 271).

Aqui, encontramos palavras cheias da mais impressionante verdade. É indiferente que imagem de ditador temos diante de nosso olhar: diante de si a miséria do mundo, no coração a visão do melhoramento do mundo e atrás de si o sofrimento daqueles que gemem sob a nova lei do coração.

A lei do coração fracassa; e o revolucionário não procura a culpa para isso em si mesmo, mas na falta de compreensão de seus subalternos.

c) A luta com o mundo (a virtude e o curso do mundo)

Depois do fracasso na tentativa do gozo do mundo e do melhoramento do mundo, a individualidade salta para vestir o manto da virtude e busca uma *terceira via* para encontrar sua determinação. Virtude: para Hegel, isso não significa como na interpretação geral, uma concordância com a ética e a moral, mas apoiando-se em tradições mais antigas, significa antes algo que pode ser reproduzido com o conceito de "virtude política". Essa virtude é a atitude de reprimir a própria individualidade, com a disposição para o sacrifício. Com isso, entra em contrariedade com o *curso do mundo*. Com esse conceito, tem-se em mente aquela postura que, às margens do Estado, busca desfrutar da vida com seus interesses próprios e com uma ideia egoísta de levar vantagem, sem incorrer em qualquer sacrifício. O curso do mundo é a corporificação de indivíduos ativos no campo de ação da realidade política, enquanto que a virtude não vê o bem no mundo, mas na consciência virtuosa.

Mas com isso já está pré-programada sua própria desvantagem: como consciência virtuosa pura, virtude é em sua universalidade vazia é inócua. Assim o curso do mundo joga um jogo fácil, pois luta contra algo irreal.

O que transforma essa luta de ambos em um "jogo de dissimulação" é o fato de que a universalidade vazia, que quer o bem, entra em rivalidade com o universal, que é um "bem vivido pela individualidade, essente para um outro ou um *bem real*" (real, no sentido de "ativo no mundo!" (287 = 278)). Por trás disso, esconde-se um desconhecimento de que o curso do mundo, que para fora parece ser mau, no interior não é lá tão ruim assim, de modo que o proveito próprio também pode servir ao bem.

Também o leitor não irá contestar que um bem-estar comum, usado propositalmente por indivíduos egoístas como uma compensação de interesses meramente mecânica, também pode gerar algum bem. Por exemplo: serviços sociais para as pessoas mais carentes na sociedade podem ser defendidos também por pessoas extremamente egoístas, impedindo com isso um incremento na criminalidade.

Desse modo, a virtude equipara-se a um triste cavaleiro que não quer manchar suas armas, e inclusive nem sequer tem o direito para tal. "[...] discursos pomposos a respeito do bem supremo da humanidade, e de sua opressão; e a respeito do sacrifício pelo bem [...] desmoronam como palavras ocas que exaltam o coração e deixam a razão vazia; edificam, mas nada constroem" (289 = 280), na medida em que são de uma universalidade vazia. Só podem ser realizadas na individualidade ativa.

> **Resumo**
>
> O conflito entre os dois lados da consciência-de-si entra numa nova fase. A razão busca atuar no âmbito da moralidade, e quiçá lidando com outros seres humanos no seio de um povo.
>
> Ali, o indivíduo quer alcançar sua determinação, mas percebe que o gozo irrestrito do mundo, visões ditatoriais de melhoramento do mundo e virtude de nada valem enquanto universalidade vazia. Assim decide-se pelo menor dos males, aquele da individualidade operante no seio da universalidade.

A ALEGRIA PRESSUROSA OU A REAL INDIVIDUALIDADE

Universalidade e individualidade estão prestes a reconciliar-se, é o que parece. Se essa reconciliação é definitiva, é algo que temos de deixar em aberto. Essa reconciliação é preparada pelo conhecimento de que a universalidade só pode tornar-se realizável através da individualidade ativa e que a individualidade ativa sem pretensão à universalidade não passa de uma "astúcia vazia". É bem verdade que o curso do mundo venceu frente à virtude, mas como adversário da virtude, o curso do mundo foi vencido por si mesmo, o verdadeiro curso do mundo no qual o bem realiza a si mesmo.

"Portanto, *o fazer e o exercício da individualidade têm a meta em si mesmos; o uso das forças, o jogo de suas exteriorizações é o que*" lhe insufla vida, individualidade e universalidade (291 = 282).

Nesse processo "da interpenetração do universal [...] e da individualidade" (292 = 283), em movimento, já não está em questão a realização da consciência-de-si, mas da consciência-de-si concreta (*reel*) e real, que se realiza agora. A certeza de ser ela própria toda a realidade foi dissolvida.

Essa interpenetração de universalidade e individualidade, uma constante motivação, cheia de tensões, para confrontações dialéticas, sempre de novo foi objeto de tentativas anteriores. Agora, pela primeira vez, essa interpenetração foi alcançada. A fundamentação precisa é de difícil releitura. O leitor um pouco mais audaz poderá reler as duas páginas do capítulo "C) A individualidade que é para si real em si e para si mesma", o estudante de filosofia deverá manter-se na seguinte coletânea de pensamentos significativos.

Vamos problematizar a temática da interpenetração mútua num exemplo: Se quisermos apreender a individualidade do famoso jogador de futebol XY já estaremos metidos em dificuldades. A própria palavra *individualidade* já é uma criação de nossa cabeça, que apresenta uma fórmula geral para aquilo que se pode dizer sobre a estrela. A única possibilidade de apresentar a individualidade em sua forma pura é ir ao campo de futebol, apontar o dedo ao jogador, afirmando "aquele ali!" Mas com isso, para milhares de expectadores (bastaria já para um), sua pessoa se torna uma individualidade para outros. Com isso, a individualidade já se passou para a universalidade. O processo inverso de explicar a interpenetração entre universalidade e individualidade, é ainda mais fácil: informações sobre XY de natureza geral (lugar que ocupa na lista dos goleadores, preço estipulado para liberação de passe, fama...) interpenetram sua individualidade.

Vemos que individualidade e universalidade estão de tal modos entretecidos, interpenetrados entre si que Hegel chega a afirmar que "a individualidade [é] a realidade nela mesma".

Toda realidade que foi eliminada pela razão até aqui volta a ser reconhecida como jazendo nela mesma, e a meta de sua ação é seu próprio movimento. A consciência "[...] sai fresca *de si*, não rumo a *um outro*, mas *rumo a si mesma*".

A ação do homem é meramente o jogo da razão, não é uma ação fora da consciência. O fazer é a "a pura forma de trasladar o *não tornar-se visto* para o *tornar-se visto [...]* (293 = 284).

Não há nenhum fosso separando ser e ato; antes, confirma-se a teoria da *manifestação do espírito* (= Fenomenologia do espírito) na ação. O ato é uma manifestação do ser.

a) Como um peixe dentro da água (o reino animal do espírito e a impostura ou a coisa ela mesma)

Apesar desse resultado, que soa um tanto patético, não podemos pensar agora termos alcançado a terra prometida, depois de termos passado pelos estágios do gozo do mundo/melhoramento do mundo/virtude, onde surgiu para nós o conceito de individualidade concreta. Isso porque o novo conceito volta a ser colocado por Hegel "como ser-em-si simples". Sabemos o que isso significa: torna-se ponto de partida para um novo movimento dialético.

Vamos analisar mais detidamente esse novo em-si, que Hegel também chama de natureza originária do indivíduo. De princípio, ela não se vê ameaçada por uma negação feita por um objeto contraposto: já não é possível haver uma restrição do fazer, pois aqui isso seria um relacionar-se consigo mesmo perfeito, a relação com outro é suspensa, suprassumida... (194 = 285).

É a repetição da frase: "A individualidade é a realidade nela mesma".

A imagem do peixe dentro da água apresentada por Hegel é bela, mas um tanto pintada e também um tanto embelezada demais: o indivíduo se relaciona com a razão como um animal com seu meio ambiente, e por isso constatamos espantados que o leitor e o autor encontram-se entregues a um "reino animal do espírito, apontado por Hegel.

Mais adiante constatamos, para nossa alegria, que nos sentimos como se fôssemos deus, que também nada temos de produzir obrigatoriamente a partir de nós ou processar voluntaristicamente; só precisamos apontar-nos e a nossa individualidade.

O fazer no reino animal do espírito começa com as circunstâncias em nosso campo circundante, o objetivo é o interesse, o meio a capacidade, e o todo significa então *a obra*. Na obra mostra-se e se apresenta o indivíduo.

O mesmo vale também para outros indivíduos, i. é, para outras obras que se tornaram visíveis. De antemão, não há bem e mal; para encontrá-los seria necessária uma comparação. Cada realidade surge de uma natureza, e por isso, "não tem cabimento nem *exaltação*, nem *lamentação*, nem arrependimento". O puro transladar *a si mesmo* da noite da possibilidade para o dia da atualidade" possibilita ao indivíduo "vivenciar apenas alegria em si" (299 = 290).

Empolgados, gostaríamos de gritar "alegria sobre alegria!", mas isso é um pouco precoce. Pois logo Hegel começa a sondar se o todo se apresenta de modo tão contraditório como dá a impressão.

Com a sondagem subsequente ele anuncia a negação do novo em-si da individualidade concreta.

A obra, rumina Hegel, "é transferida para o espaço sem determinidade do ser", ou; é "lançado para um persistir" (300 = 291). A obra cuja natureza é a determinidade (é a obra determinada desse ser humano determinado) perde essa natureza e adquire uma autonomia e aparente independência. Fundamentação: "A obra *é*, i. é, é para outras individualidades".

Essa aparente independência entre outros seres humanos leva-o ao ocaso: outras naturezas, com suas obras visíveis, se lhe contrapõem, o "jogo de resistência de outras forças e interesses" (301 = 292) investe contra a obra, transformando-a em algo passageiro, que em certo momento terá sido extinto.

Assim, a consciência precisa continuar a buscar pela "obra verdadeira", pela unidade entre o fazer individual e a universalidade. A essa unidade Hegel chama de *coisa ela mesma*, e a "interpenetração da individualidade e da própria objetividade, que se tornou objetiva" (304 = 295).

Mas a coisa ela mesma não é o puro fazer, exorta Hegel, não é o objetivo puro; não existe puro fazer, é sempre o fazer desse indivíduo singular. O corpo agindo, esse lastro casual e incidental, não pode ser eliminado pelo pensar, está grudado com o fazer. Hegel chama de embuste quando a consciência dá ares de ter chegado no caminho certo da "coisa ela mesma" com o fazer puro. Então é como se "os outros vêm voando como moscas para o leite fresco posto à mesa; querem ver-se mexendo nele".

Não, afirma Hegel, a realização da individualidade concreta deve ser uma causa de todos. Enquanto ser, sua essência deverá ser "o *fazer* do indivíduo *singular* e de todos os indivíduos: então será 'o *fazer de todos* e *de cada um* [...]. É a essência que é a essência de todas as essências: a *essência espiritual*'" (310 = 300).

b) Absoluto, mas sem conteúdo (a razão legisladora)

Com a *essência espiritual* já se indicou também o objetivo que surge do reino animal do espírito. É a síntese do em-si precedente e sua negação, dotado de diversos nomes: essência de todas as essências, coisa absoluta, substância moral. A consciência da qual é a consciência moral que está convencida de sua verdade, "pois unifica numa unidade a consciência-de-si com o ser". Está convencido de sua absolutidade, "pois a consciência-de-si já não pode nem quer ir além desse objeto, pois está junto de si mesma" (312 = 302). A "sã razão" sabe o que é correto e bom, ela tem leis morais em si.

Agora, porém, vem o ponto nodal: em sua certeza imediata da validade, a razão equipara-se à certeza sensível, que também estava imediatamente convencida do visto.

Hegel testa também essa certeza (moral) e quiçá em duas leis aceitas.

Teste 1: "Todos devem dizer a verdade". Isso soa bonito; pena ser um tanto quanto abstrato. A situação concreta não é levada em consideração. Sobretudo as condições indispensáveis da lei ("se esse cada um e todos sabe da verdade") tornam evidente que o dever incondicional de dizer a verdade permanece indeterminado quanto ao conteúdo: O que é a verdade, em cada caso singular?

Teste 2: "Ama teu irmão como a ti mesmo". Dever correto, bom, incondicional! Mas igualmente abstrato: Como se mostra o amor no caso concreto?

Assim, essas leis permanecem presas "no mero *dever*, mas não possuem *realidade*; não são *leis*, mas apenas *mandamentos*". Então, Hegel está convencido de "que se deve renunciar a um *conteúdo* universal absoluto" (315 = 305).

A tarefa do próximo parágrafo, assim, será esclarecer se um conteúdo é capaz ou não de ser lei.

c) Avaliação que nada diz (a razão que sonda e avalia a lei)

A razão que avalia a lei determina de antemão que as leis devem estar livres de contradições. O parâmetro é a tautologia: o princípio "A = A" ou "o cavalo branco (*Schimmel*) é branco" estão realmente livres de contradições. Mas esse parâmetro não se presta para muita coisa. No exemplo da propriedade, Hegel afirma: "a propriedade em e para si não se contradiz [...] não propriedade, falta de dono das coisas ou comunhão de bens tampouco se contradizem" (317 = 307). Todavia, no momento em que desdobrarmos o conceito de propriedade em diversos momentos singulares, então, na verdade, com o mesmo parâmetro começam a mostrar-se contradições. E isso se aplica também para a não propriedade. (O esforço de demonstrar a fundamentação desse fato não é muito fecundo.)

Assim, temos de constatar tanto que as leis são de cunho casual, arbitrárias, quanto que os procedimentos de avaliação "boas igualmente para tudo" nada dizem: com isso a razão não alcança o nível da "vontade absoluta e pura para todos".

Hegel encaminha-se para um final melífluo, na medida em que lança fora o fazer e examinar as leis, considerando o direito eterno como direito divino da consciência-de-si moral, intitulando os diversos tipos de sua essência como espíritos indivisos e formas celestes imaculadas numa inocência sem profanação, seja lá o que ele queira dizer com isso.

Ao final do grande capítulo sobre a razão, Hegel não pode resistir de voltar a dar um golpe mordaz pelos flancos contra Kant. Num exemplo, aquele havia dito ser um dever devolver dinheiro que houvesse sido emprestado, após ter examinado a máxima da ação em relação a sua contradição (cf. *Kant für Anfänger: Der kategorische Imperativ*, dtv 4.663, p. 78s.).

Ao contrário disso, Hegel afirma que algo é justo porque é o correto (322 = 312). Isso soa assim como se ele quisesse facilitar as coisas para si mesmo. Mas não é assim. Por trás desse desleixado "o justo é o correto" está a visão acima desenvolvida segundo a qual o indivíduo jamais poderá produzir, enquanto indivíduo, um conteúdo real, um resultado definitivo da ética: conteúdos morais só podem surgir sob a influência da realidade social e jamais numa abstração anêmica!

O âmbito da moralidade é justo o lugar onde devem coincidir individualidade e universalidade, e quiçá num caso concreto. Isso porque a individualidade isolada, sozinha, torna a moralidade arbitrária, e a universalidade isolada, só torna-a abstrata e alienada do mundo.

> **Resumo**
>
> Universalidade e individualidade estão de tal modo interpenetrados que ser e ato, na consciência-de-si concreta, são o mesmo. Razão e ato estão em acordo mútuo, o ser humano se relaciona com sua obra como um peixe dentro da água. Mas visto haver outros peixes, há também obras concorrentes, que em seu chocar-se mútuo aniquilam sua independência.
>
> Assim, deve-se encontrar um caminho para avançar e alcançar a substância moral, onde individualidade e universalidade coincidam na ação moral. Nessa via, a consciência afirma que nem a convicção absoluta de si mesmo, nem a avaliação formalística de leis avançam e atingem o "direito eterno da consciência-de-si moral".

Parte III
Espírito

O PASSO PARA A HISTÓRIA OU O ESPÍRITO

Com este capítulo da *Fenomenologia*, o leitor atravessa um portal. *Diante* desse portal fomos testemunhas do modo como, a partir da batalha constante entre individualidade e universalidade, a consciência foi se lançando para formas cada vez mais elevadas. Mas toda batalha e cada novo nível de evolução movia-se *dentro* da consciência individual, mesmo que temporalmente outras coisas (objetos ou outros indivíduos) também operassem sobre ela.

Diante do dito portal, já começava a desfazer-se o nó e surgir a compreensão de como a individualidade pode se realizar em sua universalidade: na ação moral. Mas o agir moral precisa de uma inserção social. Até agora, esse agir permaneceu preso no espaço vazio. Com o passo dado no atual portal, com o passo para dentro da realidade social, a ação moral passa do espaço abstrato para o espaço da essência moral comum.

Aqui torna-se realidade o conceito do espírito, já anunciado por Hegel, há um bom tempo, no conceito de tempo: "*eu*, que (é) *nós*, e *nós* que é *eu*" (145 = 140). Aqui no conceito de espírito, a consciência-de-si tem seu famoso ponto de inflexão.

O espírito: Vamos expor esse conceito ao leitor gradativamente. O espírito é razão que não só assegurou, mas também elevou à verdade a certeza de ser toda a realidade. O espírito, enquanto substância moral, enquanto realidade moral, é o suprassumir, o deixar-para-trás a consciência-de-si individual. O espírito é o *fun-*

damento irremovível e indissolúvel e o *ponto de partida* do fazer de todos, e sua *meta* e *objetivo*?... (325 = 314).

Uma página à frente, Hegel torna-se ainda mais claro, e o espírito ganha contornos mais nítidos: "O espírito é a *vida moral* de um *povo*". Fica evidente a razão por que é assim: no povo se dá a realização do indivíduo, e quiçá de tal modo que, enquanto ser individual, realiza sua natureza universal e, vice-versa, enquanto ser universal, realiza sua natureza individual.

A O verdadeiro espírito: a moralidade

Com o sentido investigador dialético, Hegel encontra dois momentos que se desprendem da consciência da comunidade moral: a lei humana e divina.

a) A consciência-de-si refere-se a ambos. *A lei divina*: Na comunidade moral, o que lhe corresponde é a família. O membro singular da família é considerado a seguir em vista de diversas relações: entre marido e esposa, pais e filhos, irmãos e irmãs. Uma outra explanação detalhada (p. ex. a mulher é investigada mais uma vez em diversas perspectivas, como esposa, mãe, filha e irmã) não precisa constar aqui.

O que não poderia faltar é a visão de que aqui não está mais em questão a pura singularidade da respectiva pessoa, mas a singularidade marcada pela universalidade (irmão, esposo...).

A lei humana: Na comunidade moral o que lhe corresponde é o Estado. O indivíduo é o cidadão, tangível por desempenho, serviço e méritos, mas que é igualmente substituível. A relação principal onde se encontra é a relação com o Estado e o governo.

Nesse contexto surge também o mais interessante, mas também que há de mais chocante no capítulo. Hegel atreve-se a fazer a seguinte observação: para não permitir que a independência do indivíduo em relação à propriedade, ganho e vantagens se expanda em demasia, "de tempos em tempos, o governo deve abalar essa autonomia em seu núcleo através de guerras [...]" (335 = 324).

Uma breve palavra pessoal do autor: querermos agora condenar essa visão sobre a guerra, com o ocular do século XX me parece uma atitude barata; mas procurar defender essa visão com compreensão e apoio me parece indecente.

b) Entre as duas leis vige um movimento: O humano parte do divino e retorna a ele. Sua realidade são família e povo, e sua existência individual está distribuída a ambos os gêneros, homem e mulher.

"A consciência moral sabe o que tem de fazer, e está decidida a obedecer seja à lei divina ou à humana" (343 = 332). Em Hegel, essa decisibilidade se chama caráter. Decisibilidade impinge a agir, mas essa "perturba a organização pacífica e o movimento do mundo ético [...] (e esse), pela ação, torna-se numa transição *dos contrários* [...]" (342 = 331). As duas leis excluem-se agora mutuamente, vendo respectivamente na outra o ruim

A lei divina vê em seu lado contrário "violência humana casual" como vontade da singularidade, enquanto que a lei humana, de outro lado, vê obstinação e desobediência frente à ordem do governo, enquanto a vontade da universalidade.

Com bastante fecundidade, Hegel traça alguns paralelos com a tragédia grega, e nisso sua exposição toma um ar patético. Muito embora a consciência moral tenha bebido "da fonte da substância absoluta o esquecimento de toda unilateralidade [...] e por isso afoga nessa água estígica[3] toda [...] significação independente da realidade objetual" (344 = 333), enquanto essência conserva "o direito de sua realidade" (345 = 334).

Assim, pelo ato, a divisão alcança a unidade da lei humana e divina. *O ato torna-se em culpa, porque a autoconfirmação do indivíduo é uma traição do universal.*

O leitor não deverá imaginar que isso seja a repetição de um movimento dialético anterior. O novo é propriamente "que não é esse *indivíduo* que age e é culpado" (346 =335), mas o indivíduo em sua inserção na universalidade torna-se culpado pela ação. Isso quer dizer, o homem enquanto espécie torna-se culpado, e a culpa é uma necessidade. Do contrário não haveria história.

Isso tem como consequência um desdobramento trágico. A partir de palavras obscuras sobre comunidades "cujos altares foram manchados com o cadáver por cães ou pássaros", é possível concluir com bastante esforço que, de um lado, pelo reconhecimento da culpa, acontece o retorno para a reflexão do sentido moral e o ocaso do agente. De outro, a comunidade só pode conservar-se pela opressão do espírito da singularidade (353 = 341). Mas visto que vive do oprimido, está fadado ao ocaso, visto que ninguém poderá sobreviver sem o outro.

Esse é o aspecto trágico do mundo moral e seu destino. A partir do ocaso, ele se reergue para uma outra configuração.

c) Vigora ali um clima de ocaso: "O universal [foi] desmembrado nos átomos dos indivíduos absolutamente múltiplos" e nós "vimos os poderes e as configurações do mundo sensível marulhar na necessidade simples do *destino* vazio" (355 = 343).

---

3. Estige: o rio do submundo [N.A.].

Tudo acabou sendo lançado de volta para o eu simples da consciência-de-si; o nós foi dissolvido, e fica para trás a consciência-de-si, da qual tudo partiu, o eu vazio, a pessoa enquanto o remanescente do desmembramento atômico.

Essa personalidade "é a independência *realmente válida* da consciência", que vive numa igualdade, "onde *todos* tem validade como *cada um*, como *pessoas*". O que vige é um estado de direito.

Nesse estado de direito, a pessoa é posta como "o *um* puro *vazio* da pessoa (356 = 344), como ponto de partida, e é enviada a um novo redemoinho dialético. Ao um vazio, Hegel contrapõe os direitos das diversas pessoas como conteúdo. Essas contraposições são suprassumidas num ponto reunitivo, onde a multiplicidade dos "átomos pessoais [...] são reunidos *num* ponto estranho e igualmente desprovido de espírito" (357 = 345).

Esse ponto reunitivo recebe o título "Senhor do mundo": ali, sob essa realidade, podemos imaginar a concentração do poder, como pode ser visto num imperador ou num regente de um reino. Esse senhor do mundo une a ambos: é ele próprio pessoa, eu vazio, e em seu poder é a realidade de conteúdos absolutos. Sua pessoa é a unidade do si mesmo só e da multiplicidade comum de indivíduos singulares que estão sob seu comando.

Fica difícil de dizer se eram esses os pensamentos que passaram pela cabeça de Hegel quando assistia ao desfile de Napoleão em Iena, montado em seu cavalo.

B O espírito que se aliena, a formação

Chegamos a um nível em que o espírito não está satisfeito e o reino da moralidade ruiu, e a partir dos restos do eu vazio e de sua confrontação com os conteúdos concretos, o espírito criou um mundo, que é, sim, um estado de direito, onde, contudo, não se sente em casa, mas sente-se como um estranho.

Essa criação do espírito acontece através da exteriorização própria: "através de sua exteriorização, a consciência-de-si real passa ao mundo real, e desse retorna para si". Assim, o pressuposto para a realidade, como ela é agora, é a "alienação da personalidade" (360 = 348).

Alienação: E visto que esse conceito provocou um verdadeiro furor na história universal, queremos nos demorar um pouco em sua análise. A interpretação mais conhecida é a de Karl Marx.

Segundo Marx, alienação é uma situação na qual o trabalhador perdeu seu verdadeiro ser: através do produto de seu trabalho, que lhe é tirado; pela falta de humanidade no próprio trabalho; pela sociedade, na qual o verdadeiro ser e essência do ser humano foi abatida pela sanha da propriedade privada.

A estrutura dessa visão, Marx retirou evidentemente de Hegel. Em Hegel, alienação significa: o espírito (cujo objetivo é produzir sua própria essência, sua identidade absoluta, para realizar sua liberdade), no estágio atual de desenvolvimento, desloca sua essência de si mesmo, e a contrapõe a si mesmo como substância, como tudo que o mundo recebe.

Frente a essa contraposição, o ser humano individual sente abrir-se uma fenda entre ele e a realidade social, coisa que ele considera como alienação. Segundo isso, então, alienação é o estado e a situação do ser humano que gostaria de se realizar, superando sua especificidade (Hegel: singularidade) e adaptando-se à realidade social.

Mas o espírito deve retornar de sua alienação para dentro de si mesmo, o que se lhe contrapõe deve voltar a ser recolhido.

Isso acontece através da formação. É o caminho do Iluminismo ou do Esclarecimento, o elemento que prepara para a prometida liberdade absoluta.

A tarefa da formação é alcançar poder sobre o mundo real, que – embora tendo surgido pela alienação – se porta como "realidade inamovível" (365 = 352). Esse mundo inamovível é sustentado por dois fatores, cuja relação que tem com a formação Hegel sequer mencionou: o poder do Estado e a riqueza (hoje chamaríamos a isso de "economia").

Uma possibilidade de suspender e suprassumir a alienação, de suplantar a fenda que divide a si mesmo da realidade social, consiste no serviço ao poder estatal, e, de outro lado, no serviço à economia (riqueza), enquanto o *resultado* do *trabalho* e do *operar* de todos, como volta a se dissolver na fruição" (368 = 355).

Quais das duas possibilidades, porém, pode ser julgada como boa e qual como ruim? Hegel responde: às duas possibilidades podem-se atribuir adequadamente os dois juízos. O julgado, que se equipara à consciência-de-si, é bom, o que não se lhe equipara é ruim.

Um breve exemplo: se a consciência-de-si julga o poder estatal como um subjugar sua singularidade e especificidade, então está vendo uma desigualdade para consigo; e assim o poder do estado é ruim. Mas se considera o Estado como um protetor que cuida de sua natureza comum, então vê uma igualdade para consigo, e nesse caso julga-o como bom.

Quando a consciência-de-si considera o gozo egoísta da riqueza como negação de sua natureza universal, então esse é ruim e assim por diante.

A seguir, "bom" e "ruim" recebem a qualificação de perdido de maneira "nobre" ou "vil". Nobre é a consciência quando considera o poder do Estado com atenção e respeito interno e vê a riqueza a partir de suas oportunidades sociais. Vil é quando vê o poder do Estado como algema e opressão e a riqueza como um gozo egoísta.

Nessa realidade, a consciência está novamente dilacerada, não encontra unidade e se vê assentada numa "confusão do todo".

Em contraposição ao mundo da formação, está o mundo da fé, onde reina a consciência pura, um mundo do pensamento. Como no reino da formação, o poder do Estado assume o primeiro posto, aqui "o primeiro é o *ser absoluto*".

Também ele não consegue se esquivar do processo dialético, desdobra-se como processo trinitário: a realização da deidade acontece em sua transição no ser para outros para a essência (Cristo) real, autoimolativa e absoluta, enquanto que o Espírito significa o retorno dessa essência alienada para o espírito puro.

A fé não poderá imaginar que Deus, como Espírito puro é um estranho para a consciência formada, pois nesse caso a fé seria apenas um mergulhar interior na representação de Deus, uma fuga do mundo para um mundo do além. Não, não precisa pensar *em* Deus, mas Deus precisa ser *pensado*. Esse é o momento principal na natureza da fé, que a gente costuma não ver" (394 = 379).

Mas para esse objetivo ainda é preciso arrumar as coisas, e quiçá com a superstição, que se faz passar como a verdadeira fé.

Resumo

A consciência-de-si entra na vida moral do povo, com isso torna-se espírito. No movimento entre Estado e família, o espírito oscila entre a violência do Estado e a obstinação do indivíduo. Essa tensão muito conhecida entre singularidade e universalidade adota agora a qualidade de uma necessidade histórica: a comunidade oprime a individualidade, a partir da qual vive. Nessa problemática, rompe-se o mundo moral (com o qual Hegel tem em mente a pólis grega).

Dos destroços, soergue-se a forma do estado de direito (na analogia histórica, isso estaria representando desde o Império Romano até o imperador medieval). Na pessoa do "senhor do mundo" vige a mesma tensão entre o eu do imperador e sua realidade política absoluta. Nessa situação, o espírito não se sente em casa, sente-se alienado, estranho. E visto que a alienação está no caminho de sua autorrealização, ele busca superá-la através da "formação". Mas no mundo da formação, a consciência experimenta sua dilaceração, uma vez que Estado e economia tanto podem conformar-se como bom ou ruim. Assim, a antiga tensão entre singularidade e universalidade incorporou a realidade social e política.

A ALIENAÇÃO FRENTE AO FIM OU O ILUMINISMO

A fé pensa que o ser absoluto seria um além; mas a visão pura, ao contrário, sabe que é o si-mesmo próprio. Por isso, a visão pura precisa empreender a luta contra as formas de manifestação da fé que devem ser desmascaradas como superstições. Hegel considera que a visão pura surge na forma de Iluminismo (*Aufklärung*).

a) A luta volta-se contra a fé, que se lhe mostra como "um amálgama de superstições, pré-conceitos e erros", e é apresentado por um sacerdócio enganoso que confunde e emburrece o povo. A luta acontece bem silenciosamente. Pode "ser comparada com uma difusão tranquila ou como o *espalhar*-se de um perfume na atmosfera permeável" (401s. = 387).

A luta não oferece resistência porque fé e visão pura surgem da mesma consciência pura, como o "absolutamente negativo do outro" (400 = 385). Assim, a visão pura possui uma vantagem íntima, e a fé não percebe isso. Já foi infectada pela "medula da vida espiritual" e qualquer remédio que se lhe receite só piora a enfermidade. No máximo, só "se podem represar manifestações singulares e, amenizando os sintomas superficiais [...] numa bela manhã, cujo meio-dia não é sangrento, o ídolo estará derribado ao chão (403 = 387).

b) A luta avança, pois "a serpente da sabedoria elevada para adoração [...] nada mais fez que despojar-se da casca já murcha". Agora o confronto e embate toma a forma de um "alarido sonoro e uma luta violenta" (404 = 388). A visão pura, na forma de luta do Iluminismo, acusa com voz forte a fé de estar em erro e só espalhar mentira e engano. Com a fé em Deus, a religião estaria desfigurando sua própria essência.

A luta chega numa rua sem saída: acusações de mentira e engano ou de "truques dos sacerdotes prestidigitadores" mostram à própria religião ser mentira e engano. Aqui o Iluminismo se engana, pois "como pode ocorrer engano e impostura ali onde a consciência, em sua verdade, tem certeza imediata *de si* mesma? [...]" (408 = 392).

A visão pura encontra novas vítimas: o ser absoluto, o fundamento da fé e seu operar. A acusação afirma que Deus foi antropomorfizado, i. é, é visto na imagem de um homem, e o fiel adoraria pedra, madeira e massa de pão.

Mas na verdade, aqui, novamente o Iluminismo comete um erro: transforma "aquilo que é para o espírito vida eterna e Espírito Santo em uma *coisa* real *passageira*, contaminando-o com a visão nula em si da certeza sensível" (409 = 393).

Vai adiante, passo a passo. Para o Iluminismo, o fundamento da fé não passa de um "*saber* casual de ocorrências *casuais*" (410 = 394). Mas isso não condiz com a verdade, a não ser que a fé tenha se deixado "seduzir" pelo Iluminismo a adote realmente como fundamento de si mesmo testemunhas históricas, palavras e letras registradas no papel.

Para o Iluminismo, o homem é "o animal consciente de si mesmo" (415 = 399), sustentado por pensamentos de utilidade e tudo faz "para sua satisfação e deleite". Ele pode inclusive impor uma moderação a si mesmo para não prejudicar a satisfação: inclusive uma imoderação como medida do útil! E a relação com Deus, com a religião, então transforma-se "de todos, o mais útil de todo utilitarismo" (416 = 400).

A fé avalia isso como abominável, sobretudo a degradação de Deus, enquanto *être suprême* (ser supremo) ao "vazio", a um vácuo, despido de qualquer determinação.

Assim, não é só a fé que tem um problema (os argumentos do Iluminismo se lhes mostram como deturpação e mentira), mas o próprio Iluminismo: ele não está esclarecido sobre si mesmo, visto que no criticar não reconhece a si mesmo!

A luta se intensifica, e o fiel da balança pende em desfavor da fé. Uma vez que a separação entre além e aquém não decorre entre fé e Iluminismo, mas divide a própria fé, visto que não pode negar a implicação com o finito de que é acusada. O sacrifício, o jejum, mesmo a castração voluntária do pai da Igreja Orígenes não passa de um fazer singular que não pode fugir, enganando a respeito da retirada do reino do além. Esse reino foi "saqueado", e o espírito perturbado da fé carrega consigo a "mácula do desejo insatisfeito".

Assim, a vitória está completa, a vitória do "Iluminismo satisfeito" sobre a fé como "Iluminismo insatisfeito" (423s. = 406s.), seguramente uma menção ao protestantismo da Alemanha, que o próprio Hegel experimentou na pele como uma fé influenciada pelo Iluminismo.

Agora, o vencedor entra em luta – e consigo mesmo. O objeto de luta é o ser absoluto. Hegel é de opinião de que um partido "só se (mantém) como *vencedor*, se se dividir em dois partidos" (425 = 408). Se essa fundamentação ainda consegue nos convencer hoje, não podemos dizer; todavia, ela se faz visível porque aquilo que é combatido é ele próprio um princípio no Iluminismo vitorioso.

Na luta referida trata-se do fato de que, para um único Iluminismo, o ser absoluto é um ser despido de todo e qualquer predicado humano e vive no pensamento. Para o outro Iluminismo é a matéria pura, que é despida de todos os fatores sensoriais, como ver, sentir etc.

Mas uma coisa é comum a ambos os partidos: o conceito de utilidade central para todo o Iluminismo.

As próximas reflexões poderão demonstrar a razão por que o conceito de utilidade surge de pronto, de modo que em Hegel vem revestido de circunlocuções dialéticas e palavras cheias de rebusque. Um mundo que é puramente material, que recusa toda e qualquer significação metafísica, inclusive a Deus, e que rejeita toda e qualquer indicação de sentido num algo supremo, deve pelo menos oferecer algo para dar espaço à razão: em sua significação, as coisas desse mundo devem servir aos desígnios humanos. Nesse sentido, a utilidade é a relação de todas as coisas com o bem-estar humano.

É assim que Hegel formula o ideal do Iluminismo, que busca erigir uma sociedade desprovida de falhas e perfeita: "os dois mundos estão reconciliados e o céu foi transplantado cá embaixo na terra" (431 = 413).

c) No fascinante capítulo "A liberdade absoluta e o terror", Hegel descreve o cambalear do espírito que passa do Iluminismo para a revolução.

A consciência-de-si crê ter eliminado toda autoalienação, sobretudo aquele estreitamento que parte da religião. O mundo é minha vontade, não vontade vazia, mas "vontade concreta universal, vontade de todos os *indivíduos* como tais [...], e ele deve ser como essa vontade real verdadeira [...], de tal modo que cada um sempre faz tudo indivisamente e [...] é o fazer imediato e consciente de *cada um*" (432s. = 415).

Como verdade absoluta, ela se assenta no "trono do mundo", com a meta de melhorar o mundo através da razão.

A liberdade absoluta não tolera nenhuma classe estanque, não tolera qualquer diferença. O importante é: "a consciência individual [...] suprassumiu seus limites" (433 = 416). Assim, a liberdade absoluta exige a igualdade de todos os seres humanos, uma exigência que soa muito bem. O mesmo, formulado de um modo um pouco diferente, já soa com um tom de ameaça: consiste na igualação das diferenças.

A consciência singular tem consciência de ser uma vontade universal, i. é, sua vontade individual está atuante na vontade universal. Mas isso é um engano, pois vontade individual só poderá atuar num indivíduo. "Com isso, *todos os outros indivíduos* estão excluídos do *todo* dessa ação, e tem participação nela apenas limitada [...]" (435 = 418).

A consciência-de-si chega a uma contradição, que assume proporções assassinas. A exigência de liberdade absoluta e igualdade contradiz à realidade, que só conhece a liberdade absoluta do indivíduo em meio às diferenças sociais. Essa contradição deve ser extirpada: matando a liberdade do indivíduo, preserva-se a ficção da "existência abstrata" da liberdade absoluta.

Via de regra, sob o mote "Revolução Francesa" costuma-se representar cabeças rolando, cheias de sangue, sob a lâmina da guilhotina verdadeiramente igualitadora de um carrasco revolucionário; em Hegel, o mesmo pode ser lido da seguinte forma: é o discurso da "negação pura, e quiçá a negação do indivíduo enquanto *ente* no universal. A única obra e ação da liberdade universal é, assim, a *morte*, e quiçá uma *morte* que não tem qualquer dimensão e cumprimento interno [...] é pois a mais fria e mais rasa das mortes, que não significa nada mais do que o cortar uma cabeça de couve ou tomar um gole de água" (436 = 418s.).

Nesse processo da revolução e do revolvimento constante, culpa e ocaso necessário estão sempre próximos: ocaso porque o levante, em algum momento, obrigatoriamente irá afastar o regime injusto, e culpa porque o respectivo vencedor comete uma violação à igualdade de todos; a pretensão do partido vencedor de ser vontade universal é desmascarado como vontade singular de uma ou de algumas pessoas, que querem permanecer no poder com terror.

Palavras hegelianas extremamente atuais, numa época em que ainda não está imune à contradição mortal do terror, que busca libertar e nisso destrói aquilo que busca libertar.

Agora a liberdade absoluta "sai de sua realidade autodestruidora para um outro território, o território do espírito consciente-de-si [...]" (441 = 422).

> **Resumo**
>
> A visão pura, enquanto Iluminismo, avança contra a fé, que é na verdade superstição, e que abre espaço para a única atividade da razão, a utilidade.
>
> Tendo atrás de si a alienação, e diante de si a liberdade, a consciência equipara sua vontade individual com a vontade universal. Isso não tolera diferenças, por isso a igualdade deve ser gerada com violência. Mas liberdade absoluta que queira manter-se no poder é na verdade terror de alguns para a mera manutenção do poder.

O PENÚLTIMO ESTÁGIO OU A MORALIDADE E CONSCIÊNCIA MORAL

A terra que o espírito abandonou é a França da revolução; a terra nova é a Alemanha do idealismo. É a terra (a demarcação geográfica não é necessária, mas também não é errônea) que, segundo Hegel, irá levar à plenitude o idealismo, iniciado por Kant como "idealismo transcendental". Assim, não é de se surpreender que Hegel contraponha o espírito que busca desfazer-se de chofre da alienação ao conceito de moral kantiano. É esse o tema do capítulo "C O espírito seguro de si mesmo. A moralidade".

O espírito sabe de sua liberdade, e isso torna-o plenamente livre. Na fase anterior, essa liberdade espalhara terror e morte, porque o indivíduo queria ser vontade universal com todo poder. Na nova fase a consciência-de-si pura torna-se em ponto de partida para ações morais e reconhece o dever como seu ser absoluto.

Para quem estuda filosofia, é simplesmente impossível não ver como uma luta travada contra Kant a frase que diz que "essa substância (o dever) é sua consciência-de-si própria pura; o dever não pode adquirir a forma de um estranho para ela" (442 = 424). Mas é exatamente essa a intenção, muito embora o nome de Kant só apareça uma única vez como adjetivo, "kantiano" (453 = 434).

Para compreender a confrontação com Kant, queremos recapitular alguns pontos.

Kant é o princípio férreo, formalista do imperativo categórico: *Age apenas de acordo com aquela máxima pela qual podes querer também que ela se torne em lei universal.*

Trata-se de um princípio que abstrai de qualquer estabelecimento e realização de conteúdo. Mas para Hegel a realização do conteúdo faz parte substancial do dever. Por isso, não pode ser algo alheio ou estranho, ela pertence à consciência moral.

*

E visto que não sabemos até que ponto o leitor está familiarizado com a filosofia moral de Kant, queremos apresentá-la aqui de forma sumária para melhor vermos o contraste com Hegel.

Kant

Ele exige que o ser humano se oriente apenas pela razão e, com autonomia plena (dar lei a si mesmo) determinar sua vontade segundo o imperativo categórico. Kant afirma que ele pode fazer isso porque é livre. Mas a autonomia exclui: a dependência de determinadas metas de conteúdo, da experiência, de meu melhor proceder até o presente, por exemplo, dos desejos, das inclinações e de todas as outras motivações sensíveis. Por isso, Kant não exige nenhuma ação moral determinada, mas uma reflexão moral, que depois leva a ações concretas.

Hegel

Ele considera essa autonomia moral como míope e falsa quanto a sua exclusividade. Faz parte da unidade do ser humano a harmonia entre moralidade e natureza, i. é, a harmonia entre ser humano e mundo. Por isso seria falso excluir uma determinada realidade, a realidade do mundo com seus múltiplos fatores. Ora, a consciência vive inserida num mundo cheio de "leis específicas [...] e de livre-realização" (443 = 425), com o qual deve relacionar-se, muito embora sejam partes da própria consciência. Criar essa relação é tarefa da "visão de mundo moral".

Dever deve ser "real e ativo", dever cumprido significa uma "meta que se tornou objetivamente palpável", e a harmonia entre moralidade e natureza se chama bem-aventurança, um conceito que quase não aparece em Kant: o que se deve buscar não é a bem-aventurança, segundo ele, mas uma atitude moral, pela qual devemos tornar-nos dignos de bem-aventurança (*Crítica da razão prática*, A 234).

Essa unidade recém-mencionada é o primeiro postulado de Hegel, sua primeira exigência da razão. Seu segundo postulado refere-se igualmente à natureza, mas agora não a natureza externa, mas a natureza interior do ser humano: "sensorialidade, impulsos, inclinações. A exigência diz que a sensorialidade seja *conforme* à moralidade". Nesse caminho, a consciência avança, mas jamais alcança a plenitude; essa é lançada para a "distância escura da infinitude", mas continua sendo "tarefa absoluta" (446s. = 428).

Assim, a pretensão de estabelecer as duas harmonias com a natureza exterior e interior não se realiza, e a visão de mundo moral entra em novas contradições. Para não deixar que essas contradições se tornem por demais visíveis, a visão de mundo moral lança mão de um truque, o truque da "dissimulação", faz de conta que a harmonia buscada pode ser alcançada. Assim, por exemplo, a ação "dissimula" a meta absoluta pela realização de uma meta moral singular, transforma "em atualidade [...] aquilo que não poderia ser atualidade" (454 = 435).

Em última instância, a visão de mundo moral sucumbe na nova contraposição entre dever puro e realidade. Todo agir fere a anelada harmonia entre natureza e moralidade. Numa lógica, realizável apenas de forma um tanto forçada, Hegel afirma que todo suposto avanço rumo a uma meta absoluta mundial seria uma diminuição de moralidade, visto que a meta final não conhece qualquer moralidade do fazer individual.

Com isso, também a bem-aventurança não pode ser exigida, mas só esperada, "esperar segundo acaso e arbitrariedade". Assim, pode muito bem acontecer que a felicidade toque o amoral. A isso não podemos reagir com "inveja, que toma sobre si o manto da moralidade" (459s. = 440) nem com condescendência bem-intencionada.

No final do capítulo "A dissimulação", bem ao conhecido modo dialético, a contradição entre moralidade e realidade acaba coincidindo na autocerteza da consciência-de-si, que conhece a contradição com o seu, e se eleva à nova configuração do espírito moral. Essa nova configuração surge como consciência moral (*Gewissen*).

O conceito de consciência moral em Hegel cai fora do padrão comum. Para ele, consciência moral não é uma instância que pesca num açude de diversos deveres, julgando-os. Tampouco é uma consciência de dever, que amarra um cordão em nosso agir. Não, "a consciência tem sua verdade *para si mesma* na *certeza imediata* de si mesma"; com outras palavras: a consciência moral segura de si nada mais pode, a não ser determinar a si mesma pelo dever.

De modo velado, Hegel lança mão aqui das palavras de Jesus sobre o sábado: o sábado foi feito para o homem, e não o homem para o sábado (Mc 2,27), e lhe dá uma reformulação: O dever é "a lei que é por causa do si mesmo, e não o si mesmo (*das Selbst*) por causa dela" (469 = 449). Isso é ao mesmo tempo um golpe desferido nos flancos de Kant, contra o que muitos intérpretes o acusam de defender a visão de que o ser humano teria sido feito por causa da lei moral.

Para Hegel, é importante: "Aquilo que se sabe ser dever se cumpre e se torna realidade" (470 = 451).

Mas isso tem lá suas artimanhas. Enquanto a consciência moral avança para a ação reporta-se a muitos aspectos de uma ação e se depara com uma infinidade de deveres, dos quais nenhum deles tem caráter absoluto, como possui o dever puro. Mas o dever puro é tão vazio quanto a convicção pela qual a consciência moral se sabe sustentada. A consciência moral pode colocar qualquer conteúdo de dever em sua vontade, e notar ali seu caráter não absoluto. Por exemplo, o dever de preservar sua vida pode ser interpretado como covardia; afirmar-se frente a outros, ser interpretado como violência etc. Assim, cada conteúdo do dever possui "nele a mácula da determinidade" (474 = 454).

Assim, no caso concreto, o dever volta a dividir-se na conhecida contraposição de singularidade (dever singular) e universalidade (dever vazio, puro).

Mas no fundo o que vale é que: A consciência moral "deve ligar e desamarrar a majestade da autarquia absoluta" (476 = 456) Autarquia = grego: poderio próprio).

Expressar essa majestade é tarefa da linguagem, que manifesta as convicções da consciência. Ela as manifesta como asseguramentos: a consciência assegura estar convencida desse dever. Hegel se aproxima do conceito de consciência moral do Romantismo quando ele fala "da genialidade moral que sabe da voz interior de seu saber imediato como voz divina [...] ela é igualmente o culto divino em si mesma" (481 = 460).

Mas é um culto solitário onde celebram-se aos asseguramentos mútuos sobre boas intenções, a "magnificência do saber" e o nutrir e cuidar dessa excelência. A consequência disso é que "essa *certeza* absoluta [...] é a *inverdade* absoluta, que rui sobre si mesma".

Hegel chama essa consciência moral iluminada de uma "alma infeliz assim chamada absoluta", à qual falta a força da exteriorização, vivendo em constante angústia de manchar a magnificência do seu interior por seu ser-aí".

A outra possibilidade que tem a consciência é a do agir, "na medida em que *a partir de si mesma* locupleta o desejo vazio com um *determinado* conteúdo" (483s. = 462s.). Age de forma enérgica a partir da convicção mais íntima, apela para seu engajamento apaixonado, mas na verdade é hipocrisia, porque é traição da universalidade.

Mas também a primeira possibilidade da consciência moral como bela alma é hipocrisia, porque só se dá verbalmente pela falta de ação, e assim fica sem qualquer importância.

Os dois lados reconhecem, por fim, sua problematicidade, e "curam as feridas do espírito sem que restem cicatrizes" (492 = 470).

*

Perdão e reconciliação são, pois, os dois lemas para as duas configurações do espírito, que num reconhecimento mútuo não permite que os contrários desapareçam em si mesmos, mas reconcilia-os entre si como

[...] o saber universal de si mesmo em seu Contrário absoluto [...]. O sim da reconciliação – no qual os dois Eus abdicam de seu ser-aí oposto – é o ser-aí do Eu expandindo-se em dualidade, e que aí permanece igual a si; e que em sua completa extrusão e em seu perfeito contrário, tem a certeza de si mesmo: é o deus que se manifesta no meio daqueles que se sabem como sendo o puro saber (494 = 472).

Resumo

Pertence à moralidade a harmonia entre homem e natureza. O espírito, enquanto visão de mundo moral, não consegue alcançar essa harmonia, por isso lança mão do truque da "dissimulação". Mas também essa não funciona, e a bem-aventurança buscada fica à mercê do acaso.

Também a configuração da consciência moral se apresenta inicialmente como "certeza imediata"; mas sua autossegurança rompe-se na contradição entre dever puro imaculado e dever singular, que se manchou com ações singulares, que podem ser interpretadas contraditoriamente.

O reconhecimento mútuo de sua problematicidade, como reconciliação do espírito com seu contrário, possibilita a manifestação de Deus como possibilidade do saber puro.

O ESPÍRITO DIANTE DA PLENIFICAÇÃO OU A RELIGIÃO

O Deus que se manifesta, que adentra o palco do drama do mundo – palavras sublimes no começo de um capítulo que em parte traça uma via dialética na história das religiões sem levar em consideração a multiplicidade das religiões, e que de outra parte é extremamente profundo em sua interpretação.

Deus se manifesta – isso é naturalmente algo exagerado, pois é a religião que, enquanto manifestação do espírito absoluto e do saber disso, adentra o palco dialético, um pouco antes de abrir a cena final.

A última formulação já diz que há uma diferença entre o espírito absoluto real e sua manifestação, ou de seu saber de si. O espírito, enquanto religião, está em movimento (ele quer avançar e alcançar seu saber de si) e então trata-se da *configuração* na qual ele aparece à sua consciência perfeitamente igual a sua essência e contempla-se como ele é" (499 = 477).

Assim, acontece o devir do espírito em diversas configurações da religião, e estas estão ordenadas em diversas formas. São três essas formas:

• A religião natural: O espírito se conhece na forma de objetualidade.

• A religião artística (ou melhor: a religião da arte): O espírito subsume a naturalidade e contempla-se em seu fazer.

- A religião revelada: O espírito apreende as duas juntas e tenta transpor-se para o conceito a fim de erradicar nele a objetualidade.

A A religião natural

Através de descrições belas e detalhadas sobre *seres de luz* como formas sem forma, cujas exteriorizações são derramamento de luz e cuja simplicidade essencial do pensamento circunvoluteia sem consistência, Hegel descreve as religiões da luz do Oriente, para as quais a imagem do sol nascente se torna em imagem da vida: pensa-se aqui uma espécie de panteísmo, que vê Deus na luz, que é Um e tudo.

A partir dessa situação de inocência, desenvolve-se a culpa da "religião dos animais", um nível de evolução na qual os seres humanos se veem em determinadas formas animais, e em seu ódio combatem-se numa luta de vida ou morte. Com isso, Hegel tem em mente a forma primitiva da história da religião, onde deuses aparecem como *animais* (também *plantas*), e pela primeira vez se interpretam confrontos e embates bélicos como vontade dos deuses.

Por sobre essas duas formas, o espírito se eleva como **mestre artesão**, que produz a si mesmo como objeto em pirâmides e obeliscos. Vida de plantas e figuras de animais dão alma também a hieróglifos e a estátuas em forma humana.

Todas essas configurações enigmáticas (p. ex., aquelas da veneração egípcia de deuses) estão entregues à dissolução, visto impingirem na direção de uma "configuração espiritual". E isso acontece na...

B A religião artística

O mestre artesão transforma-se em operário espiritual, em artista: o trabalho adotou a forma de uma atividade consciente-de-si.

Em primeiro lugar, o espírito artístico representa uma forma como coisa singular, como *obra de arte abstrata*. Mas isso exige um "elemento mais elevado" para permanecer no ser-aí. É a linguagem, tanto nos oráculos quanto nos cânticos e hinos da comunidade no culto. "Nele o si-mesmo se proporciona a consciência da descida da essência divina desde o seu além até ele [...]".

Mas o culto é um "realizar irreal" e por isso impinge para a ação real, que se expressa como oferta sacrificial de animais ou frutos, como "doação de um bem próprio", mas como "piedade objetual" não passa de uma aproximação à ação real (521s. = 498s.).

A *obra de arte viva* presta contas à ação real. O espírito absoluto reconhece um outro fragmento além de si na festa, à qual ele honra. Exemplos disso são os jogos mistéricos de Ceres (também Deméter: deusa dos frutos do campo) e de Baco (também chamado Dioniso: deus do vinho). Mas no torpor e no balbuciar selvagem, encontra-se a ameaça de que o "caráter interno do espírito sucumba; o mesmo diz respeito aos jogadores olímpicos, nos quais o espírito degenera numa "singularidade somática" do vencedor (528s. = 505s.).

Na *obra de arte espiritual*, a partir dos cânticos e da linguagem em balbucio dos hinos e oráculos, desenvolve-se a linguagem da poesia. Na epopeia encontra-se uma ligação entre a singularidade do cantor e o "extremo da universalidade, o mundo dos deuses" (531 = 507).

Quem forma a mediação entre eles são os heróis, que unificam a ambos: sua singularidade e também sua universalidade tipológica.

O herói age, mas através da ação perturba-se o sossego da universalidade. Já conhecemos essa ideia: toda ação vem carregada de e presa à culpa, uma vez que a ação corporifica o específico e assim impingiu uma traição à universalidade. É esse o tema da *tragédia*, ela "recolhe e ajunta a dispersão dos momentos do mundo essencial e agente [...]" (534 = 510).

O divino diverge nas diversas figuras, onde a linguagem recebe uma outra dimensão: sua narrativa já não é mais como na epopeia, mas provém da boca do herói, que agora coloca sua consciência na substância divina separada: na essência universal ou na individualidade. No movimento entre necessidade, destino e culpa, o que locupleta o "despovoamento do céu" (540 = 512) é o fazer criador do homem enquanto artista.

Na conclusão de seu tratado complexo sobre a tragédia, Hegel deixa o herói decair na máscara que ele joga e em seu si mesmo real. Daí surge a consciência-de-si do herói. A obra de arte espiritual transforma-se no momento em *comédia*, na qual a consciência-de-si real triunfa sobre o suposto mistério dos deuses: agora não passam de "nuvens, uma névoa que desaparece" (543 = 519). A comédia, para o pensamento racional ela é o palco para a religião da arte, que ali retornou completamente em si, preparando para a consciência uma ausência completa de temor e essência de todo estranho e alheio e um estar-bem e deixar-se-estar-bem" (544 = 520).

C A religião revelada

A religião da arte fundiu-se na comédia. Palavras belas e vistosas acompanham o clima do ocaso: a confiança nos deuses e oráculos teria desaparecido; as estátuas seriam agora cadáveres, as mesas dos deuses não teriam qualquer comida ou bebida; a musa sofreria pelo esmagamento dos deuses; aos belos frutos, caídos da árvore, faltaria agora a terra, a luz, o clima e as estações, e sobre o panteão do espírito consciente de si mesmo pairaria o espírito do destino trágico.

No panteão, enquanto o lugar de nascimento do espírito absoluto em devir, acotovelam-se todas as configurações dialéticas até o presente na "selvageria desértica dos elementos deixados soltos [...]" (549 = 525) e – cheios de dor e desejo – são testemunhos das dores de parto comunitárias do espírito absoluto: o tema é a religião revelada ou, nas palavras de Hegel, o nascimento do "conceito puro", sem "mácula" através de alguma objetualidade.

Se a Bíblia descreve a mensagem salvífica do Deus que se fez homem em Jesus com palavras como gruta, estrebaria e pastores, na mensagem natalina de Hegel se diz:

> Que o espírito absoluto se tenha dado a figura da consciência-de-si *em si*, e portanto também para sua *consciência*, isso agora aparece assim: a *fé do mundo* é crer que espírito é aí como uma consciência-de-si, quer dizer, como um homem *efetivo*; que o espírito é para a certeza imediata; que a consciência crente *vê* e *toca* e *ouve* esta divindade. Assim, essa consciência-de-si não é fantasia, mas é *efetivamente no crente* (551 = 527).

Com esforço, logo na passagem que se segue, também se pode reconhecer a diferença principal entre religião da arte e religião revelada, o homem que se fez Deus e o Deus que se fez homem:

> A consciência então não sai do *seu* interior, do pensamento, concluindo *dentro de si* o pensamento de Deus juntamente com o ser-aí; ao contrário, sai do ser-aí presente imediato, e reconhece a Deus nele.

Assim, o espírito tem ciência de si, e quiçá em sua exteriorização/despojamento, ou, dito de modo teológico: Deus só é Deus em seu tornar-se homem em Jesus. O ser absoluto alcança sua perfeição (provisória) pelo fato de "ser visto, ouvido etc. como uma consciência-de-si essente".

Surge igualmente a alegria natalina, e pode ser lida em Hegel do seguinte modo:

> As esperanças e expectativas do mundo precedente impeliam somente a esta revelação: a contemplar o que é a essência absoluta, e a encontrar-se nela a si mesmo. Essa alegria vem a ser para a consciência-de-si, e abrange o mundo inteiro para se contemplar na essência absoluta, pois ela é espírito, é o movimento simples desses momentos puros, que exprime isto mesmo: que a essência é sabida como espírito somente quando é contemplada como consciência-de-si *imediata* (554 = 530).

Mas a alegria natalina possui uma natureza meramente passageira, pois, por causa da possibilidade de ser experimentado sensorialmente, o espírito ainda não alcançou a forma do conceito absoluto. A corporalidade do Filho de Deus é sim importante, mas no seu "ter-sido" ou ter passado ele passou, i. é, é passageiro. Surge a "consciência-de-si universal da comunidade".

Mas também essa vive apenas do "representar" o conceber, também ela não possui o conceito puro, ela o confunde com a origem histórica do envio de Jesus. O que resta à comunidade é a representação mencionada: ela perfaz "a mediação entre o pensamento puro e a consciência-de-si como tal [...]" (558 = 533).

Visto ser por demais importante, a palavra "representar" precisa de dois exemplos elucidativos aqui:

- "O espírito absoluto torna-se num outro e adentra o ser-aí". A representação disso diz: Deus criou o mundo.

- "O homem perdeu a forma da igualdade consigo mesmo". A representação: por colher da árvore do conhecimento do bem e do mal, o homem perdeu sua inocência e foi expulso do paraíso.

O despojamento do ser absoluto num ser humano exige um desprender-se, uma reconciliação do contrário. Na "representação" são dois seres separados que se dividiram. Eles demonstram sua suposta independência, desprendendo-se em fragmentos livres. Também isso acontece numa representação:

- O fazer voluntário e livre do ser primeiro, que se despoja, aceita a morte na cruz e reconcilia consigo o ser absoluto.

- A morte natural do indivíduo como representação do desprendimento de si. A morte finaliza a consciência-de-si do indivíduo e, "pelo não ser *desse indivíduo*, é transfigurada na *universalidade* do espírito, que vive em sua comunidade, e nela cada dia morre e ressuscita". Hegel exprime mais uma vez esse mesmo pensamento logo em seguida, numa outra formulação: a consciência-de-si, assim, "essa consciência, portanto, não *morre* efetivamente – como se representa que o ser particular morreu efetivamente –, mas sua particularidade morre em sua universalidade; quer dizer, morre em seu *saber*, que é a essência reconciliando-se consigo" (571 = 545).

Assim, concluindo, a religião nada mais seria que a consciência representativa da comunidade. Mas o saber absoluto precisa libertar-se dessa representação.

Resumo

A partir da reconciliação da consciência moral dividida, surge o espírito na forma de religião. Mesmo a religião revelada, depois de ter superado as formas primitivas, necessita de muletas, para representar para si o espírito absoluto. Essas "representações" são as últimas objetualidades da consciência, que a comunidade até precisa, mas tem de superar para avançar e alcançar o saber puro.

Caem as cortinas ou o saber absoluto

Estamos na iminência do tempo em que a fé se transforma em saber e a representação se transforma em pensar puro. O que na religião não passava do representar, agora, na configuração definitiva do espírito é forma do si-mesmo. Essa configuração definitiva é o saber absoluto, e a forma do si-mesmo é o conceito que se eleva como ciência a partir de todas as outras camadas da consciência.

Cada configuração da consciência tinha albergado até aqui uma contradição, a partir da qual o espírito passara para uma configuração mais elevada, conservando os estágios anteriores. Assim, Hegel acentua que o saber absoluto e a essência de todas as coisas, aquilo porque todos os estágios de consciência se esforçavam, encontram-se numa relação temporal; assim, é possível compreender a frase que diz que "nada se torna *consciente* que não esteja na *experiência* ou [...] o que não seja *verdade sentida* [...]" (585 = 558).

O caminho do espírito à sua plenificação no espírito do mundo é um movimento no espaço e no tempo, na natureza e na história. Mas como se pode demonstrar de antemão, objetivar o conteúdo do saber absoluto? Objetificação é apenas uma certa objetificação: assim, o conteúdo, o objeto do espírito absoluto, novamente, seria apenas uma representação. Hegel responde que o conteúdo e a meta são o próprio movimento, no qual o si-mesmo se despoja de si, reconhece-se no outro, e no outro está junto a si mesmo.

Nesse sentido, confirma-se a mais famosa frase da filosofia de Hegel que pode ser reproduzida resumidamente como "o caminho é a meta".

Mas, mesmo assim, ainda há uma meta provisória, que não pode ser objetificada: é o conceito no qual o espírito "decidiu o movimento de sua configuração".

Ele, o espírito, "desenvolve o ser-aí, e o movimento nesse éter de sua vida é a *ciência*". Na ciência, finda-se o movimento necessário da contraposição constante: o conceito puro é uma "configuração libertada por sua manifestação na consciência".

Agora se dá uma aparente guinada, que à primeira vista parece ser surpreendente: *O si-mesmo toma a liberdade de exteriorizar o conceito puro e retornar à consciência.*

Hegel fundamenta isso dizendo que "a cada momento abstrato da ciência corresponde uma configuração do espírito que se manifesta" (589 = 562). A cognoscibilidade dessas configurações é o que perfaz a realidade dos conceitos puros. A cognoscibilidade se dá na natureza e na história, no espírito que se exterioriza no espaço, e no espírito que se exterioriza na história.

Quando o espírito tem de voltar a começar na imediaticidade da consciência sensível, "como se todo o percurso precedente houvesse sido perdido, e nada houvesse aprendido dos espíritos anteriores" (591 = 564), então terá sido tudo em vão?

Não. Precisamos nos representar nesse novo despojamento do seguinte modo: o saber absoluto não é um malabarismo nem uma algazarra com conceitos, mas um apreender científico das manifestações, onde já não tem de lutar por sua verdade, mas está seguro de sua verdade. A partir desse trono da verdade, o saber toma a "liberdade e a certeza" de estar contemplando aquilo que antes era objeto e contraposição.

Hegel exprime isso do seguinte modo: a "re-cordação" (Er--innerung) (recordação como internalização) tudo conservou , o *interior* foi renovado, e o espírito inicia de novo sua formação num estágio superior.

Por isso, nossa *Fenomenologia do espírito* finda com a citação tirada do "A amizade", de Schiller, um pouco modificado:

> *Do cálice desse reino dos espíritos espuma a ele sua infinitude* (591 = 564).

Mas um pouco antes disso, apresenta-se ainda uma última meta. Enquanto para o cristianismo, a meta da história é a revelação e o retorno do Messias, a esperança messiânica de Hegel conhece apenas um messias impessoal:

A revelação a partir da profundidade, o conceito absoluto.

Conclusão

No labirinto da história dos efeitos ou de Hegel a Marx

Quem faz a tentativa de visualizar o material em questão, se vê confrontado com uma enormidade bibliográfica estonteante. A razão é simples: a disparidade entre as primeiras interpretações de Hegel desemboca numa disparidade ainda maior das escolas hegelianas disseminadas. A tentação é por demais grande de conformar-se com algumas indicações bibliográficas e propô-las ao leitor sem comentá-las.

É preciso evitar isso. Assim, mesmo que brevemente, precisemos traçar algumas linhas lapidares na história efeitual de Hegel.

Primeiro, numa rápida retrospectiva histórica. Depois da morte de Hegel, em 1831, sua filosofia permaneceu por um bom tempo como um poder que dominava toda a vida espiritual da época. Nessa época aconteceram, porém, os famosos conflitos sociais (*slogan*: industrialização, evasão do campo) e convulsões políticas (*slogan*: levantes contra a monarquia absoluta até a Revolução de 1848). Junto com o fortalecimento das disciplinas ligadas às ciências da natureza, nas universidades, tudo isso levou a uma fragmentação e dispersão não só dos adeptos de Hegel, mas também de seus adversários.

1 Hegelianos de direita e de esquerda

O fator que promoveu essa fragmentação, cujo resultado foi o surgimento das duas escolas hegelianas, de esquerda e de direita, foi a questão relativa à religião. Era uma espécie de pergunta delicada: Como o mestre se portava em relação à religião? É possível colocar em concordância com o cristianismo as explanações hegelianas sobre religião?

David Friedrich Strauss, teólogo e escritor, que provocou um verdadeiro furor com seu livro *A vida de Jesus* (1835), onde questionava a confiabilidade histórica dos evangelhos, tomou como parâmetro essa temática, propondo que, segundo a ordem de assento no parlamento francês, fosse feita uma divisão entre direita e esquerda.

Assim, os *hegelianos de direita* seriam aqueles que reconhecem os relatos do Novo Testamento como narrativas e fatos historicamente confiáveis. Para isso, depois que sua divisão em direita e esquerda se impôs de forma geral, Strauss também derrotou as forças político-liberais e civis, que interpretavam a teoria de Hegel como doutrina cristã tradicional (alguns nomes: Kuno Fischer, o intérprete efusivo de Hegel, Eduard Gans, já mencionado, o biógrafo de Hegel, bastante conhecido, Karl Rosenkranz et al.).

Mas os efeitos permanentes da filosofia de Hegel, mesmo que não no sentido do mestre, passa pela via de esquerda. Junto dos *hegelianos de esquerda*, Strauss reuniu todos aqueles que viam nos evangelhos nada mais do que mitos e acreditavam poder estabelecer um fosso entre Hegel e a doutrina cristã. Strauss viu esse fosso na distinção feita por Hegel no capítulo da *Fenomenologia* que aborda a religião: a distinção entre a representação (nível da religião) e o conceito (nível do saber absoluto). Enquanto Hegel faz desembocar a verdade da religião na verdade do conceito puro, Strauss distingue as duas de forma rigorosa e pensa essa distinção radicalmente até o fim.

Entre os hegelianos de esquerda, ao lado de Strauss, temos de mencionar ainda Bruno Bauer (também coeditor da publicação da escola de Hegel *Hallesche Jahrbücher*) e sobretudo Ludwig Feuerbach, todos os três padres suspensos da ordem ou "falidos teológicos" (Althaus). Marx tripudia deles ainda com desdém, e chama-os de "sagrada família". Apesar do desdém, o último se destaca com autonomia com uma importante ligação com Marx.

2 Ludwig Feuerbach

O mesmo Feuerbach que, na famosa adega de vinhos berlinense Lutter und Wegner, quase não conseguiu pronunciar uma palavra diante de Hegel, por puro acanhamento, no final de 1828, com a idade de 24 anos, enviou para Hegel sua dissertação para análise. Os biógrafos acreditam que ele tenha sido um dos poucos que Hegel compreendeu. Onze anos mais tarde ele se afasta e escreve uma *Para a crítica da filosofia de Hegel*; dois anos mais tarde, com sua famosa obra *A essência do cristianismo*, propaga sua superioridade em relação àquele.

Feuerbach desvirtua as palavras da história da criação "e Deus criou o homem à sua imagem" (Gn 1,27) na frase "o homem criou Deus à sua imagem" e ainda inverteu a frase de Hegel sobre o saber de Deus pelo homem, que seria o saber do homem por Deus: o saber do homem, por Deus, é na realidade saber do homem sobre si mesmo. A consciência de Deus torna-se em consciência-de-si, e assim a teologia é na verdade antropologia, teoria do homem. A ilusão de Deus está postada no caminho da plena liberdade do homem.

O método da inversão (que não pode ser chamado de método dialético), em Marx é "virado de ponta-cabeça".

3 Karl Marx

Marx, o que mais influência exerceu na história dentre os pesquisadores ligados a Hegel, só veio para Berlim cinco anos após a morte deste, onde teve contato com a filosofia de Hegel nas preleções de Eduard Gans. O tema Hegel/Marx é muito amplo, que dependendo do ponto de vista da visão de mundo do observador apresenta um campo de trabalho gratificante. Frente às pesquisas, praticamente inabarcáveis, sobre a ligação entre Hegel e Marx, ademais sobre a imagem de Hegel nos primeiros escritos de Marx, em contraposição a seus escritos tardios, a respeito da questão se podem constatar diferenças ou apenas mudanças de ênfase, assim como, adiante, nas relações entre Marx e Lenin e sua recepção de Hegel, também sobre isso, aqui, só podemos restringir-nos a apresentar alguns traços e apontar as linhas mestras do pensamento, onde Hegel e Marx se distinguem.

Vamos expor dois aspectos;

Primeiro aspecto: Os dois postulam a mesma pretensão. Em Hegel é: Filosofia deve tornar-se saber real; em Marx é: Filosofia deve ser realizada.

Aqui, surge novamente a questão que já motivara a Kant: No saber e no pensar, o uso da razão não tem também ali uma dimensão prática? Kant afirma que sim, concedendo a primazia à razão prática frente à teórica.

Também Hegel estabeleceu a conexão entre saber e fazer, e quiçá no ponto de ligação entre o capítulo sobre a razão e o capítulo sobre o espírito, ligando-o ao "saber real", um conceito que soa apavorantemente imprático não só nos ouvidos de Marx.

Marx exige que a filosofia mostre concretamente o que a razão está em condições de fazer. Ele adota o conceito central do trabalho do capítulo "Senhor e escravo", de Hegel: No trabalho, o homem vem a ser ele mesmo. Aqui Hegel serve realmente de inspiração, como um padrinho. Mas o padrinho é alvo de duras críticas: ele só conheceria o trabalho espiritual, os trabalhadores reais, concretos, em seu campo circunstante histórico-temporal, não interessariam a Hegel.

Os adeptos ao pensamento de Marx partilham dessa crítica, afirmando que para Hegel o trabalho seria um aspecto unilateral do desenvolvimento do saber. Os adversários de Marx observam aqui que é extremamente problemático ver o conceito de trabalho realmente apenas nessa ligação unilateral com a produção econômica e suas consequências.

Segundo aspecto: Marx adota o esquema dialético de Hegel: a autorrealização acontece perpassando pelo caminho da autoalienação. Dito de forma simplificada e provisória, essa inversão que Marx faz do pensamento de Hegel seria mais ou menos assim:

a) Hegel: Natureza e o material são resultado da exteriorização (*Entäussegung* = alienação) do espírito.

b) Marx: O ideal e o espírito são produto evolutivo da matéria.

(Muito importante: *Para Marx, matéria não é algum bloco de pedra ou um outro elemento físico, mas o ser humano, como ele trabalha a natureza e como, com isso, forma a si mesmo!*)

Quem analisa com precisão as frases A e B tem de descobrir algo bem essencial: nas duas frase, o sujeito é diferente! O sujeito em Hegel é o movimento da consciência-de-si, em Marx é o movimento entre ser humano e natureza.

Aqui, finalmente, chegamos à famosa imagem da cabeça e dos pés, onde supostamente se coloca a dialética: as coisas que estão ao nosso redor, observa Marx frente a Hegel, não são cópias do respectivo nível de consciência da cabeça (coisa que Hegel jamais disse!), mas os conceitos da cabeça seriam cópias das coisas reais. Deve-se portanto corrigir essa "inversão ideológica" e colocar a dialética de Hegel de cabeça para baixo, ou melhor, colocá-la novamente sob os pés.

*

Não é preciso ser nenhum marxista para reconhecer que essa questão tem razão de ser e desbancar a filosofia de seu trono altaneiro de sua incompreensão muitas vezes distante da prática.

Justo num mundo altamente inseguro, na qual o homem se vê sobrecarregado com as preocupações sobre a configuração de seu futuro, as exigências para uma filosofia voltada para a realização continuam sendo atuais.

Temos diante de nós problemas éticos de dimensões inusitadas, onde os projetos em curso, dentre os quais as propostas apresentadas por Hegel e Marx, entram em colapso, ou já não sabem oferecer nenhuma resposta.

Nas novas reflexões necessárias, não se pode esquecer que a ética sempre vive de seu saber. Essa percepção de que a ação ética intelectiva radica-se no saber representa tanto um desafio quanto uma justificação à existência da filosofia.

Pequeno Glossário

O que representa o aprendizado de uma língua estrangeira deve corresponder ao folhar as "palavras estrangeiras" usadas por Hegel. Aqui, está uma breve panorâmica sobre os conceitos centrais, que surgem sempre de novo na leitura do texto original.

Mas essas explanações devem ser usadas com parcimônia, visto serem incompletas. Incompletas porque Hegel jamais empregou seus próprios conceitos de forma unívoca, mas infelizmente sempre de novo em significações cambiáveis.

Dialética: O movimento do pensar,

a) Cujo ponto de partida é algo ocorrente.

b) No qual surge uma diferença, um outro no ocorrente – 1) Negação, cujo resultado não pode ser zero, i. é, não pode fazer desaparecer nada.

c) No qual essa diferença é suspensa e suprassumida e reconduzida à unidade do ser originário – 2) Negação ou negação absoluta, tendo como resultado um saber enriquecido como novo ponto de partida.

Paralelamente ao cômputo "tese-antítese-síntese", surge muitas vezes o esquema de três passos chamado "em-si/para-si/em-e-para-si". Mas esse, igualmente, não é totalmente correto. A culpa para essa contagem miserável é, ao lado do uso constantemente não unitário que faz Hegel de seus conceitos, sobretudo a suposta necessidade de premer os quatro e até cinco passos do pensamento – em-si: 1) negação; 2) negação, unidade, colocação dessa unidade como novo em-si – no esquema de três passos.

As partes constitutivas corretas do pensamento dialético são:

• *Ser-em-si:* O ser-ocorrente; o ser em sua consistência simples; aquilo que é um consigo sem qualquer reflexão; coisas que são a partir da natureza (árvore, pedra, e também animais); a essência das coisas.

• *Ser-para-outros:* O ser-outro frente ao em-si, sem que o em-si se torne falso; a primeira negação do ser-em-si; a manifestação das coisas.

• *Ser-para-si:* Essa negação é novamente negada (segunda negação): o em-si negado e seu contraposto negado (para-outro) são apreendidos pelo saber e confluem numa unidade. O ser-para-si tanto é negação quanto unidade resultante do saber no conceito; é aquilo que é apreendido pelo saber como se o objeto fosse um sujeito; aquilo que está no mundo, na luz do saber; o em-si apreendido pelo sujeito.

• *Ser-em-e-para-si:* Raramente aparece e sua significação oscila entre o ser-para-si, que é colocado como novo em-si, até a "substância espiritual" (28 = 24).

• *Negação:* Negativação como: 1) aniquilação (negação simples); 2) suprassunção como conservação; 3) suprassunção como elevação (a algo superior).

• *Categoria:* De início: Regra do saber, princípio organizador do pensar. Depois: determinação de pensamento do ser como unidade de eu e ser.

• *Categorial:* Isso que é, formando como conceito.

- *Substância:* Fundamento e essência das coisas; que gera causa, efeito; todo ente como a-seidade (*Selbstheit*); aquilo que se contrapõe primordialmente ao sujeito como objeto, mas que se mostra na verdade como sujeito.

FARMÁCIA CASEIRA PARA OS MACHUCADOS OU A BOTA ABSOLUTA

Ao caro leitor, que acabou sofrendo alguns ferimentos na leitura de Hegel, oferecemos aqui uma preciosidade como consolo. Provém de um teólogo e médico bem pouco conhecido de nome Friedrich Georg Ludwig Lindner, que nasceu dois anos depois de Hegel e viveu mais 14 anos depois da morte de Hegel:

> DER VON HEGEL'SCHER PHILOSOPHIE DURCHDRUNGENE
> SCHUSTER-GESELLE ODER DER ABSOLUTE STIEFEL

Trata-se de um aprendiz de sapateiro, que procura trabalho junto a um mestre. O problema é que ele sabe praticamente de cor a *Fenomenologia do espírito* de Hegel. Se ele consegue sucesso em sua busca de trabalho, com isso, já é outra história.

Para a pessoa que nesse meio-tempo já se tornou especialista em Hegel, temos aqui um pequeno desafio. A peça de teatro (aqui apenas em recortes) foi amplamente modificada, de modo que retiramos das palavras do aprendiz os sinais de aspas que atestam as citações de Hegel. Quem quiser poderá procurar as citações "perdidas" e localizar as passagens no texto da *Fenomenologia*.

Primeiro ato: O aprendiz de sapateiro está à procura de trabalho. O mestre admite-o e exige que ele faça um teste e faça um par de botas na sua oficina.

Aprendiz: Como teste? Como assim?

Mestre: O *como* é o que eu quero ver de sua parte. Você consegue fazer botas?

Aprendiz: As botas, como o senhor as pensa, estão apenas na sua consciência, através dela e para ela. Mas as botas que eu faço só podem surgir de minha consciência.

Mestre: Muito bem! Eu estou consciente que posso fazer boas botas; de você ainda não tenho certeza.

Aprendiz: Por isso, nossas duas consciências-de-si precisam medir-se uma na outra e suprassumir-se duplamente. Pois é uma consciência-de-si para outra consciência-de-si; ela saiu *de si*. Isso tem uma dupla significação, *em primeiro lugar*, perdeu a si mesma, pois encontra-se como uma *outra* essência; *em segundo lugar*, com isso suprassumiu o outro, pois também não vê o outro como essência, mas a *si mesmo* no outro.

Mestre: Mas o que significa isso? Aqui conosco é assim, duplicar solados; duplicar consciências não é comigo, e penso que tampouco seja a sua questão. Fazer botas, isso é o que está em questão aqui.

Aprendiz: Todavia! O senhor gostaria que minha bota se encaminhe da noite vazia do além suprassensível para o dia espiritual do presente. – Mas na medida em que a sua consciência-de-si fazedora de botas se volta para a minha, a minha é uma *outra*. Mas ela deve suprassumir esse *seu* ser-outro; esse é o suprassumir do primeiro duplo sentido, e por isso é ela própria um segundo sentido duplo; *em primeiro lugar*, deve seguir na linha de suprassumir *a outra* essência autônoma, e assim, também a *sua*, enquanto tornar-se seguro da essência; *em segundo lugar*, aqui está em questão suprassumir *a si mesmo*, pois esse outro é ele próprio...

Mestre: Que Deus me perdoe, não consigo compreender uma só palavra que você diz.

Aprendiz: Vou explicar melhor. O senhor exige que eu faça botas; como teste para ver se sou tão hábil quanto o senhor mesmo, isto é, o senhor, o mestre, procura outro mestre. Se eu comprovar ser mestre, então através de sua relação para comigo, o aprendiz, isto é, o outro terá sido suprassumido e o senhor precisará me reconhecer como mestre, ou seja, o senhor verá a si mesmo em mim. Mas pelo fato de o senhor ver a *si mesmo* em mim, o senhor suprassume minha maestria, e retorna para si mesmo. Mas como eu demonstro ser eu mesmo um mestre, o senhor precisa reconhecer isso, i. é, deverá suprassumir de novo *sua* maestria *em mim*, devolver *minha* maestria, e despedir-me novamente livre. É isso o que eu disse anteriormente de modo obscuro, isto é, filosófico, sobre a noite do além suprassensível.

Mestre: Meu bom rapaz, essa conversa não nos vai levar longe; não se terá escolhido o couro, não se terá tirado as medidas e cortado, não se passou o fio e de modo algum se faz botas assim...

Aprendiz: O que se está falando não é de botas, enquanto conteúdo da consciência-de-si, mas dessa.

Mestre: Deixa a consciência pra lá. Do jeito que você fica pulando de um lado para outro, quase se pode acreditar que tenha perdido sua consciência natural e ficado meio demente.

Aprendiz: *Demente*? Mais tarde conversamos sobre isso. – Agora o senhor me diga: o senhor é mestre de algum outro modo a não ser através de sua consciência-de-si?

Mestre (para si mesmo): Vamos deixar esse bobo falar pra ver onde vai parar. (Alto) Sim, tenho consciência de minha maestria.

Aprendiz: E se eu fizer realmente boas botas?

Mestre: Então vou reconhecê-lo imediatamente como um mestre.

Aprendiz: Como o senhor vê, a sua consciência-de-si está à procura de uma outra consciência-de-si.

Mestre: Eu gostaria que você uma vez deixasse de lado a consciência e colocasse a mão na massa para trabalhar; a mera consciência-de-si em si jamais conseguirá fazer um par de botas, essas são algo bem diferente.

O aprendiz continua a instruir o mestre.

Mestre: O que interessa aqui é: eu preciso ajudá-lo a fazer o par de botas?

Aprendiz: de modo algum. A conversa é apenas sobre a relação da sua e da minha consciências-de-si. A relação dessas duas consciências está destinada a que elas busquem *conservar* a si mesmas e uma à outra através de uma luta de vida ou morte.

Mestre: Tenho que lutar comigo numa luta de vida ou morte? Contra isso tenho um remédio! Meu bom rapaz, lembra o que lhe disse a pouco de minha habilidade a respeito de conversas inúteis.

O mestre perde a paciência. Ele agarra um bastão e obriga o aprendiz a "se calar por um pequeno momento".

Aprendiz (mergulhado em si, prossegue): Pois o outro não vale mais para ele como ele mesmo; seu ser se apresenta como um outro, ele está fora de si.

Mestre (coloca o bastão nas costas do aprendiz): Ele está fora de si? Vou trazê-lo de volta a si mesmo.

Aprendiz (afasta-se um pouco): Deixe-me convencê-lo. A consciência-de-si deve suprassumir seu ser-fora-de-si.

Mestre: Nisso gostaria de ajudá-lo.

Aprendiz: o outro é consciência multiplamente coibida e essente; deve contemplar seu ser-outro como ser-para-si puro ou como negativo absoluto.

Mestre: Negativo ou positivo; o que percebo é que só se pode resolver isso no cacete.

Bate firme sobre ele.

Aprendiz: Ai! Ai!, para com isso! Quase já não tenho consciência de mim mesmo; é só o bastão que sinto como realidade desprovida de espírito.

Mestre: Se você caiu de novo em si, então o bastão não deve ser lá tão desprovido de espírito assim, mas deve ter cumprido perfeitamente minhas intenções como um remédio espiritual. Posso continuar com isso?

Aprendiz: Pode parar; eu reconheço o senhor como consciência-de-si... não pode haver qualquer conversa sobre fazer botas antes que meu eu surrado receba do senhor o reconhecimento exigido.

Mestre: Estou consciente de tê-lo reconhecido segundo o merecimento (mostrando o bastão).

Aprendiz: Esse tipo de reconhecimento me levou à consciência do momento coisal do ser bastonado. Mas enquanto minha consciência-de-si expressa esse momento de seu ocaso consciente e ali o resultado de sua experiência, mostra-se como a inversão interna de si mesmo, como o enlouquecimento da consciência, para a qual sua essência é de imediato não essência – a saber, bastão – e sua realidade é de imediato não realidade. Pois um eu bastonado já não é mais um eu, mas não realidade.

Mestre: meus golpes eram bem reais, muito embora não suficientemente efetivos...

O drama se intensifica até que o mestre se encoleriza e denuncia o aprendiz junto à delegacia de polícia.

Aprendiz: Minha consciência-de-si determina-se ela própria nesse movimento contra o ser consciente da polícia. Ali irá mostrar-se que só o absoluto é verdadeiro ou que o verdadeiro apenas é absoluto. Vamos portanto para a suma autoridade!

Segundo ato (Escritório do comissário de polícia)

Mestre: Resumindo, a questão é a seguinte: consciência-de-si ali paralela reclama, como afirma, de ter sido *negado* por mim. Eu, enquanto cidadão não filósofo, se puder me expressar em sua fina linguagem, no bruto, iria me exprimir assim: esse homem está me acusando de tê-lo bastonado.

Aprendiz: Acuso, com o *maior* dos direitos, ou antes, visto que a grandeza é apenas o princípio da diferença sem conceito, e que a proporção matemática da grandeza não sofre nenhuma aplicação na essência moral do direito, acuso não com direito grande ou pequeno, mas com o *simples direito em si*, que o mestre, que está aqui presente defronte ao eminente policial, me tratou como um *ser feito coisa*, me negou o reconhecimento de minha consciência-de-si, e, ao contrário disso, repeliu a consciência própria através da negação de um vegetal ou bastão em realidade comum...

Quero dizer que, desse modo, aconteceu que o mestre levou a tranquila forma arbórica daquele vegetal contra a substância de minhas costas, como o *lado noturno* de meu eu, num movimento hostil, e quiçá através de diversas pancadas, i. é, a dispersão na multiplicidade; e com isso desgastou o ódio de seu ser-para-si, uma vez que depois das pancadas voltou a mostrar-se muito amistoso, e recolheu-se retirando-se de volta das bastonadas. Mas durante as pancadas seu humor irado passou da *religião da planta* para a *religião do animal*. Pois é claro que a inocência da *religião das flores*, que não passa de despojada representação do si mesmo, na gravidade da vida em luta, adentra a culpa da *religião do animal*, passa da tranquilidade e impotência da individualidade contemplativa para o ser-para-si destruidor.

Comissário: Nisso não há dúvidas. Mas o que propriamente o senhor quer? O que o traz aqui?

Aprendiz: Venho ao eminente policial, que é o esteio do curso do mundo – e a individualidade do curso do mundo é melhor do que ela pensa, como já expliquei ao mestre ali. Venho pedir, senhor comissário, como estimado ponto de indiferença entre nós, os dois extremos, que se digne de colocar o mestre nessa determinação da relação, que ele receba de volta em sua substância a negativa, e desse modo seja condenado pelo eminente policial e possa autobastonar sua consciência-de-si, se não concretamente, pelo menos de forma absoluta, pensa-se no puro bastonar – e isso de forma espontânea e livre ou se representando como objeto.

Comissário: O senhor é um hegeliano?

Aprendiz: Com essa observação, o senhor comissário expressa meu si-mesmo puro; mas, ao mesmo tempo, as eminências veem ali o princípio de contradição, que paira no meio indeciso entre mim e esse mestre.

A audiência segue seu curso dialético e termina com a exigência do mestre para que o aprendiz retorne à oficina para que "finalmente possa retomar o trabalho do teste das botas, com ânimo e disposição".

Aprendiz: Já faz tempo que as botas estão prontas.

Mestre: Você já aprontou o exemplar que lhe pedi?

Aprendiz: O *conceito* da bota está em mim; o que está em conceito tem um *ser-aí universal*, enquanto que a bota particular, enquanto mera coisa, possui apenas uma *realidade sem espírito*. Deduzir a bota para o ser particular, a partir do ser universal, o que seria uma abstração errônea, é uma brincadeira e jogo de criança. As botas que eu lhe apresento são botas *ideais* e ao mesmo tempo um exemplo real de que o idealismo *hegeliano* é uma ciência prática.

A audiência termina com o comissário exigindo do mestre que pague ao aprendiz 5 soldos, como uma espécie de compensação. Depois disso o comissário compra as botas do mestre para conservá-las em seu "gabinete de coisas naturais".

Por fim, o comissário ergue as botas imaginárias e pergunta pensativo:

Comissário: Botas absolutas! Qual será teu destino no curso do mundo? (Fonte: HÖFENER, H. (ed.). *Hegel-Spiele*. Hamburgo: Rogner & Bernhard Verlag, 1977).

Referências ou uma espécie de agradecimento

Aquele que afirma ter lido a *Fenomenologia do espírito* de Hegel sem qualquer auxílio externo, e tê-la compreendido, não está sendo sincero ou então é um gigante do espírito. Deve haver também gigantes.

Há uma enormidade de bibliografias sobre o grande Hegel, só que: Quais escolher? O autor apresenta aqui uma pequena seleção, que se tornou um instrumental muito fecundo em mãos gratas.

Merecem ser destacados aqui, pelo menos, dois livros. Eles estão como que numa tensão dialética entre si.

De um lado a interpretação entusiasmada e grandiosa de E. Fink, que cheio de reverência diante da linguagem de Hegel afirma que ela "sempre remete a todos e a cada um para uma distância vergonhosa que procura seguir as pegadas do gigante":

FINK, E. *Phänomenologische interpretationen der "Phänomenologie des Geistes"*. Frankfurt: Klostermann Verlag, 1977.

De outro lado, a interpretação mordente e de alto nível intelectual de W. Becker. Expressões paradigmáticas como "Hegel é seguramente da opinião notável que [...]" ou "Mas quem, além de Hegel, considerou isso legítimo?" são exemplos de como é possível seguir "as pegadas do gigante" sem acanhamento, com respeito, mas com palavras extremamente agudas e polidas:

BECKER, W. Hegels *"Phänomenologie des Geistes"* -- Eine Interpretation. Stuttgart: Kohlhamer Verlag, 1971.

Ademais, podem ser úteis ainda os seguintes comentários:

FISCHER, K. *Hegels Leben – Werke und Lehre.* Darmstadt: Heidelbert, 1911 [reimpr., 1963].

HANSEN, F.-P. *Georg W.F. Hegel*: "Phänomenologie des Geistes". Paderborn: Schöningh Verlag, 1994.

TAYLOR, C. *Hegel*. Frankfurt: Suhrkamp Verlag, 1993.

Como o primeiríssimo portal de acesso, pode-se indicar com propriedade sobretudo o capítulo sobre Hegel de W. Weischedel, que introduz com segurança na dialética, além de transmitir inúmeros detalhes bibliográficos com bastante humor:

WEISCHEDEL, W. *Die philosophische Hintertreppe.* Munique, 1990, dtv 30020.

Uma das mais amplas biografias dos últimos tempos é:

ALTHAUS, H. *Hegel und die heroischen Jahre der Philosophie.* Munique: Hanser Verlag, 1992.

Quem apresenta uma introdução muito bem-sucedida no conjunto da filosofia de Hegel é:

KOESTERS, P.-H. *Deutschland deine Denker.* Hamburgo: Stern--Verlag, 1979.

Quem quiser familiarizar-se com a filosofia de Hegel no contexto da história da filosofia, a esse recomenda-se o artigo sobre Hegel em:

HIRSCHBERGER, J. *Geschichte der Philosophie 2*. Friiburgo: Herder Verlag, 1991.

Bom, mas não muito fácil de ler é:

GULYGA, A. *Die klassische deustche Philosophie*. Leipzig: Reclam Verlag, 1990, capítulo "Hegel", p. 275ss.

HÖFFE, O. *Klassiker der Philosophie II*. Munique: C.H. Beck Verlag, 1981, p. 62ss.

Coleção Chaves de Leitura

- *Fundamentação da metafísica dos costumes – Uma chave de leitura*
Sally Sedgwick

- *Fenomenologia do espírito – Uma chave de leitura*
Ralf Ludwig

- *O príncipe – Uma chave de leitura*
Miguel Vatter

- *Assim falava Zaratustra – Uma chave de leitura*
Rüdiger Schmidt e Cord Spreckelsen

- *A república – Uma chave de leitura*
Nickolas Pappas

- *Ser e tempo – Uma chave de leitura*
Paul Gorner

- *A Ética a Nicômaco – Uma chave de leitura*
Michael Pakaluk

- *Suma Teológica – Uma chave de leitura*
Stephen J. Loughlin

- *O ser e o nada – Uma chave de leitura*
Sebastian Gardner

- *Confissões – Uma chave de leitura*
Catherine Conybeare

Conecte-se conosco:

f facebook.com/editoravozes

⌾ @editoravozes

🐦 @editora_vozes

▶ youtube.com/editoravozes

🗨 +55 24 2233-9033

www.vozes.com.br

Conheça nossas lojas:

www.livrariavozes.com.br

Belo Horizonte – Brasília – Campinas – Cuiabá – Curitiba
Fortaleza – Juiz de Fora – Petrópolis – Recife – São Paulo

EDITORA VOZES LTDA.
Rua Frei Luís, 100 – Centro – Cep 25689-900 – Petrópolis, RJ
Tel.: (24) 2233-9000 – E-mail: vendas@vozes.com.br